Yn ôl i Gbara

Bethan Gwanas

Rhif rhyngwladol: 978-1-84527-283-8

Mae'r cyhoeddwr yn cydnabod cefnogaeth ariannol
Cyngor Llyfrau Cymru

Cynllun clawr: Sion Ilar

Cynhwysir lluniau gan:
Mei Williams
Bethan Gwanas
Dyfrig Davies
Cheryl Jones

Cyhoeddwyd gan Wasg Carreg Gwalch,
12 Iard yr Orsaf, Llanrwst, Conwy, LL26 0EH.
Ffôn: 01492 642031 Ffacs: 01492 641502
e-bost: llyfrau@carreg-gwalch.com
lle ar y we: www.carreg-gwalch.com

Argraffwyd a chyhoeddwyd yng Nghymru.

I Naomi

'I'r neb fo brin ei obaith,
Hir a dwys fydd pob rhyw daith.'

T. Gwynn Jones

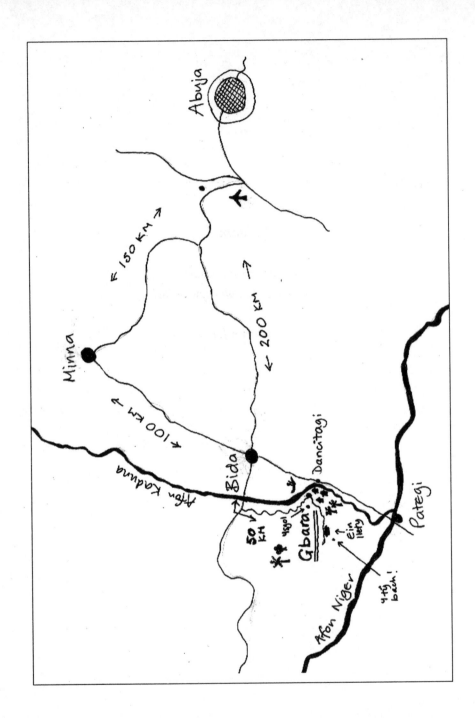

FFEITHIAU AM NIGERIA:

Maint: 923.768km (sgwâr) – un a hanner gwaith yn fwy na Ffrainc.

Poblogaeth: Y wlad fwya poblog yn Affrica. Tua 150 miliwn ar hyn o bryd; mae rhai'n credu y gallai gyrraedd 200 miliwn erbyn 2020.

Prif ddinas: Abuja ers 1991, poblogaeth 1.4 miliwn, ond mae 'na dros 9 miliwn (yn swyddogol, mae'n siŵr bod 13-17 miliwn yn nes ati mewn gwirionedd) yn byw yn Lagos, yr hen brifddinas, a 9.3 miliwn yn Kano.

Tywydd: Poeth. 32°C ar gyfartaledd yn y de; 37°C yn y gogledd ond gallu cyrraedd 45°C. Tymor gwlyb rhwng tua Ebrill a Medi.

Economi: Olew sy'n dod a 95% o'r enillion o dramor.

Iaith swyddogol: Saesneg.

Crefydd: Moslemiaid 50%, Cristnogion 40%, crefyddau lleol 10%.

Fflag: 2 streipen werdd am i lawr ac un wen yn y canol.

Ionawr 1914: Prydain yn creu *The Federation of Nigeria* allan o nifer o 'wledydd' llai. Roedd Lagos dan lywodraeth Prydain ers 1850.

1957: Olew yn cael ei ddarganfod yn aber afon Niger.

1960 Hydref 1af: Annibyniaeth.

1967: Tair 'sir' ddwyreiniol yn cyhoeddi eu bod bellach yn 'Weriniaeth Biafra' gan ddechrau rhyfel cartref erchyll barodd am dair blynedd. Bu farw 3 miliwn oherwydd newyn yn ogystal â'r ymladd.

1999: Y tro cyntaf i'r wlad gael Prif Weinidog wedi ei ethol. Y fyddin oedd mewn grym cyn hyn.

2000: Cyfraith Sharia yn cychwyn mewn nifer o'r siroedd yn y gogledd. 10,000-15,000 yn marw mewn brwydrau rhwng Cristnogion a Moslemiaid.

Y CRIW:

Y Cynhyrchydd: Dyfrig (Death) Davies

'Death' oherwydd bod ei deulu o'n trefnu angladdau. Ro'n i'n y coleg yn Aber efo fo fel mae'n digwydd. Athro Cymraeg oedd o ers talwm ond yn cynhyrchu a chyfarwyddo ers 1990. Bydd llawer yn ei nabod o fel y boi sy'n mwydro am lefaru mewn gwahanol steddfodau. Yn briod efo Nia Clwyd ac yn dad i Mared a Siwan. Wastad yn edrych fel pe bai ganddo fwrdd a haearn smwddio yn y car. Ei drip cyntaf i'r Affrig.

Y Cyfarwyddwr a'r Dyn Camera: Mei Williams

 Wyrcaholic tal o'r Wyddgrug sy'n mwynhau beicio a phêl-droed pan 'di o'm yn crwydro'r byd yn gwneud i Tribal Wives grio (wrth weithio ar y cyfresi teledu o'r un enw, nid fel hobi). Cryn dipyn o brofiad teithio (*Base Camp* Everest, y crinc lwcus ...) a'i ryffio hi ond mi fethodd osod ei hamoc yn iawn ar y trip yma. Llysieuwr ac alergedd i gŵn felly fydd o byth yn ffarmwr. Wedi gwneud gradd mewn seicoleg cyn dechrau ei yrfa yn y cyfryngau fel ymchwilydd i Hywel Gwynfryn – fel fi. Obsesiwn hefo'r gofod.

Y Ferch Sain: Cheryl Jones

Strab o Lanbed sy'n gweithio efo Iolo
(coesau/adar) Williams gan amlaf. Wedi
teithio cryn dipyn ac yn gallu ei ryffio hi
gystal â neb – ond wastad wedi ymbincio'n
berffaith. Sut mae hi'n ei wneud o?!
Stamina anhygoel a'i gallu i yfed yn
ddiarhebol, ond ddim wastad yn cyrraedd
y llofft gywir o'r herwydd (na – dim byd
fel'na, jest cael KO mae hi). Gyrru
hymdingar o gar – Subaru Imprezza,
limited edition GB270 – o'r enw Scooby
Doo. Wedi dyweddïo efo Rhun ers saith mlynedd. Mae hi hefyd yn
gerddor a phianydd o fri sy'n cyfeilio i Gôr Meibion Pen-y-bont ar Ogwr
pan mae ganddi amser, ond mae'n gallu chwarae sax a drymiau hefyd.
Rock chick go iawn.

Diogelwch: Steve

 Dwi'm yn cael dweud llawer amdano fo
oherwydd rheolau diogelwch. Sais gwallt
melyn fu yn y fyddin am 16 o
flynyddoedd. Ymgynghorydd diogelwch
ers 2003, wedi bod yn gofalu am
newyddiadurwyr mewn llefydd fel
Afghanistan, Pacistan ac Irac. Chwip o foi
am wneud *pit latrines* a chawod efo
bwced. Wrth ei fodd efo bwldogs, *Chitty
Chitty Bang Bang* a Phen y Fan. Casàu
pobol sy'n gwasgu pâst dannedd o ganol y
tiwb a ddim yn rhoi'r cap yn ôl 'mlaen.

Fficsar: Victor Okhai

Cynhyrchydd, cyfarwyddwr a sgriptiwr ffilmiau o Lagos. Byw a bod ar ei ffôn symudol a'i laptop. Hoffi chwarae Scrabble. Cogydd a hanner. Chwerthin yn hawdd.

Prif Yrrwr: Olawale Saheed
(ond pawb yn ei alw'n Saheed)

24 oed, yn siarad Yoruba, Nupe, Hausa a Saesneg. Byw yn Lagos a Bida, yn dibynnu ar ei waith. Wrth ei fodd efo miwsig o bob math, yn enwedig Chris Brown. Wedi gwirioni efo *24* a Jack Bauer. Ei hoff fwyd ydi *Amala* a chawl *Ewedu*. Dwi'n amau'n gryf ei fod o isio bod yn ddyn camera.

11

RHAGAIR

Pan ro'n i'n hogan ifanc, fywiog, newydd adael y coleg yn Aberystwyth, mi benderfynais mod i am dreulio dwy flynedd yn gweithio gyda VSO – Voluntary Service Overseas. Wedi cwpwl o gyfweliadau yn Llundain ('Are your parents in good health?' 'Yes.' 'Do you have a boyfriend?' 'I did, but I just dumped him.'), mi ges fy nerbyn, cael cwrs pythefnos o hyfforddiant TEFL (Teaching English as a Foreign Language) a chael fy ngyrru i Nigeria. Felly rhwng 1984 a 1986, mi fues i'n dysgu Saesneg mewn pentref bychan ar lan yr afon Kaduna: Gbara.

Roedd o'n gyfnod arbennig iawn, llawn chwerthin a chrio, gwirioni a gwylltio. Doedd 'na fawr ddim adnoddau yn yr ysgol, dim trydan na dŵr tap yn y tŷ ac roedd y mosgitos yn erchyll. Ond roedd y plant a'r bobol yn hyfryd.

Ro'n i'n byw efo Saesnes o'r enw Katie, ac er ein bod ni'n debyg mewn sawl ffordd, roedden ni'n gwbl wahanol mewn ffyrdd eraill ac yn mynd ar nerfau ein gilydd yn aml. Roedd hi'n addoli'r Teulu Brenhinol a finnau'n hogan Plaid Cymru. Ro'n i'n siarad Saesneg efo acen merch ffarm o Sir Feirionnydd a hithau'n siarad fel y Cwîn. Ro'n i'n mwynhau partïo bob penwythnos ond roedd yn well ganddi hi benwythnosau tawel yn darllen a chwarae Scrabble. Roedd hi'n mynnu dweud pethau fel 'What do you miss about England?' dragwyddol, ac yn colli amynedd efo fi pan fyddwn i'n ei hatgoffa nad England oedd adre i mi. Ond roedden ni'n rhannu'r un hiwmor ac yn cael yr un mwynhad a phroblemau yn ceisio dysgu plant Government Day Secondary School Gbara. A phan gafodd fy nhad ei wa'dd i ganu i Gymdeithas y Cymrodorion, Cymdeithas Gymraeg Nigeria ar gyfer dathliadau Dydd Gŵyl Dewi 1985, daeth Katie efo fi i Lagos. Ar y dechrau, roedd hi'n meddwl mod i'n ddigywilydd iawn yn siarad Cymraeg o'i blaen hi, ond wedi treulio rhai dyddiau yng nghwmni aelodau'r gymdeithas a Dafydd Edwards, Trefor Selway, Annette Bryn Parry, Marian Roberts a'i gŵr Jac – o, a Dad wrth gwrs, mi sylweddolodd mai Cymraeg oedd ein hiaith gyntaf ni go iawn. 'You're different when you speak Welsh,' meddai wedyn. 'Your whole body changes.' O hynny ymlaen, roedden ni'n dallt ein gilydd yn well. Ond rai misoedd yn ddiweddarach, mi fu'n rhaid iddi fynd adre. Doedd ei chorff hi ddim yn siwtio gwres Nigeria.

Mi fu hynny'n goblyn o sioc. Mi ges i gynnig mynd i bentre arall, llai anghysbell at VSO arall oedd ar ei phen ei hun. Ond ro'n i isio aros yn Gbara. Roedd gen i berthynas dda efo'r plant; roedd Katie a finne wedi dechrau teimlo ein bod ni'n llwyddo i'w dysgu nhw a do'n i ddim am eu siomi nhw. Ond ganol Ionawr 1986, pan es i i weld ein swyddog maes, Frankie Meehan, doedd o'm yn gwenu arna i fel y byddai'n arfer 'i wneud. Gofynnodd i mi eistedd. 'I'm afraid I have some very bad news for you.' Rŵan, pan mae rhywun yn dweud y geiriau yna, rydach chi'n gwybod yn syth bod rhywun wedi marw. Ac yn naturiol, rydach chi'n meddwl yn syth am eich teulu. Oedd rhywbeth wedi digwydd i Mam neu Dad? I Llinos neu Glesni fy chwiorydd neu Geraint fy mrawd? 'Katie was killed in a car accident on Boxing Day,' meddai. A hyd heddiw, dwi wedi teimlo'n euog am y ffordd wnes i ymateb y funud honno. Bron nad oedd o'n ryddhad clywed nad aelod o fy nheulu i oedd wedi marw. Ac mae'n siŵr bod hynny'n amlwg yn fy wyneb i. Dwi'n dal i gofio wyneb Frankie yn rhythu arna i. Roedd o wedi disgwyl i mi grio, ond wnes i ddim. Dim ond wedyn, wrth gerdded am yr afon ar fy mhen fy hun y gwnes i adael i'r peth suddo i mewn a chrio fel babi dros Katie druan. Hogan ifanc, ddawnus a hynod glyfar yn cael ei lladd gan foi oedd yn gyrru fel herc am ei fod yn hwyr i gêm bêl-droed.

Dri mis yn ddiweddarach, mi adewais innau Gbara. Roedd byw ar fy mhen fy hun wedi mynd yn anos o lawer; roedd 'na athro newydd wedi symud i'r tŷ drws nesa i mi, snichyn o foi oedd yn fy ngyrru i'n hurt yn trio 'be your friend' a finnau wedi ei gwneud hi'n berffaith amlwg nad oedd gen i lwchyn o ddiddordeb, diolch yn fawr. Hefyd, roedd un o'r teuluoedd ro'n i wedi dod i'w nabod yn Lagos wedi gofyn i mi fod yn *nanny* i'r plant yn y Bahamas dros y Pasg. Ro'n i wedi meddwl mynd adre efo cwpwl o VSOs eraill mewn landrofyr drwy'r Sahara, ond roedd gwyliau am ddim yn y Bahamas yn swnio fel cyfle rhy dda i'w golli. Fel mae'n digwydd, dwi'n difaru f'enaid na fyswn i wedi mynd am y landrofyr. Ond dyna fo, ro'n i'n ifanc ac yn cael fy nhemtio'n hawdd.

Roedd mynd adre yn dipyn o sioc i'r system. Ro'n i wedi 'picio' adre ar gyfer priodas fy chwaer flwyddyn ynghynt, a dod â Choron Eisteddfod yr Urdd yn ôl efo fi (am sgwennu am Nigeria fel mae'n digwydd) ond ro'n i'n gwybod y byddwn i'n ôl yn Gbara cyn hir y tro hwnnw. Roedd dod adre i Gymru 'go iawn' yn wahanol. Doedd gen i'm syniad be i'w wneud efo fi fy hun ac yn teimlo ar goll yng nghanol bywyd normal fy nghyd-Gymry. Roedd fy ffrindiau â phatrwm i'w bywydau, swyddi, cariadon a gwŷr, ac roedd nifer ohonyn nhw'n gaeth i operâu sebon, oedd yn ddirgelwch llwyr i mi bellach. Ro'n i wedi byw heb deledu ers bron i ddwy flynedd, wedi bod yn llenwi fy nyddiau yn cymdeithasu a 'gwneud' pethau, ac roedd y bywyd llonydd 'ma'n fy ngyrru'n hurt. Ro'n i ar y dôl ac roedd y boi fues i'n canlyn efo fo drwy gydol fy nghyfnod yn y coleg yn canlyn efo rhywun arall, y crinc!

Ond ymhen rhai misoedd, fe ges i swydd ar brawf am dri mis efo Radio Cymru yng Nghaerdydd (a dwi'n eitha siŵr mai'r ffaith bod fy CV mor wahanol i CVs pawb arall oedd yn gyfrifol am sicrhau cyfweliad i mi yn y lle cynta). Golygai hynny ddod o hyd i le i fyw, prynu car (Morris Ital gwyrdd metalig) a dod i arfer efo swydd newydd 9-5, a bywyd yn y ddinas. Ro'n i'n hapusach wedyn, ac fe drodd y swydd dros dro yn un barhaol.

Ond dwi'm yn siŵr os wnes i rioed setlo'n iawn chwaith. Doedd yr un swydd yn gallu cymharu â'r swydd dysgu yn Gbara o ran sialens, hwyl na gwefr. Efallai mai dyna pam rydw i wedi newid gyrfa bron mor aml â dwi'n newid fy sanau.

Ro'n i wastad isio mynd yn ôl yno rhyw ddiwrnod, ond ro'n i wedi colli cysylltiad efo pawb ers tro. Mi fûm yn llythyru efo rhai o'r disgyblion am flynyddoedd, ond dod i ben wnaeth rheiny yn y diwedd. A doedd neb yn talu'r ffi am 'postal mail bag' ar gyfer yr ysgol felly doedd fy llythyrau ddim yn cyrraedd pen eu taith. Ro'n i'n darllen yn gyson yn y wasg bod Nigeria wedi mynd yn beryglus hefyd, ac nad oedd modd teithio o gwmpas heb *armed guard*, a doeddwn i ddim yn debygol o fedru fforddio un o'r rheiny.

Doedd yr un o linellau *Ar y Lein* wedi mynd drwy Nigeria yn anffodus, ond tra'n teithio drwy Kenya ac Uganda efo trydedd cyfres *Ar y Lein* yn

2007, ro'n i'n digwydd trafod hyn efo'r criw un noson. Roedden ni'n cael swper mewn gwesty reit grand yn Kampala, y fi, Will y dyn sain o Nairobi, Guy y gŵr camera sy'n byw yng Nghenya ers blynyddoedd a Catrin Roberts, y ferch o Gwm Gwendraeth oedd yn cyfarwyddo'r rhaglen. Roedden ni'n dwy yn canmol Affrica i'r cymylau, ond mi wnes i ddweud wrth Guy y byddwn i wrth fy modd yn mynd yn ôl i Nigeria. Rŵan, roedd o a Will newydd fod yn ffilmio yno ac wedi casàu pob munud. Doedd yr un o'r ddau isio mynd yn ôl yno byth! Roedd y wlad mor gwbl wahanol i Kenya ac Uganda.

'Ydi, mae o'n wahanol,' meddwn, 'ond dyna pam dwi'n hoffi'r lle gymaint! Does 'na'm diwydiant twristiaid yna, felly does 'na'm cow-towio i bobol ddiarth er mwyn cael tips, does 'na neb yn trio gwerthu pethau i chi bob munud "very good, very nice, very cheap"; mae pob dim fel mae o, yn gwbl naturiol, a dyna ni.'

Mae 'na rywbeth arbennig am bobol Nigeria, mwy o 'gyth' rhywsut.' Ac os nad ydech chi'n gwybod be mae hynny'n ei feddwl, wel, mwy o gythraul, mwy o fywyd, mwy o falchder; maen nhw'n fwy o gymêrs.

Aethon ni 'mlaen i siarad am fy mhrofiadau yn Nigeria ac fel mae'r rheiny wedi effeithio ar fy mywyd i. Roedd Catrin yn gwrando'n astud ar hyn i gyd, a phan ddalltodd ei bod hi bron yn 25 mlynedd ers i mi fynd yno gyntaf, bron nad allech chi weld y cogiau'n troi yn ei phen hi. 'Dyna syniad am raglen ...' meddai. Wedi dod adre, mi gynigiodd hi'r syniad i S4C a – bingo. Ddwy flynedd o chwilio, ymchwilio a threfnu yn ddiweddarach, daeth y freuddwyd yn wir!

Y DYDDIADUR

27ain Medi, 2009

Dwi'n dechrau panicio. Ydw i wedi pacio bob dim? Ydw i wedi pacio gormod? Ydi'r trip 'ma'n mynd i fod yn gamgymeriad mawr? Ydw i wir isio gwneud hyn?! Wel mae'n rhy hwyr rŵan mêt, ti'n hedfan nos fory!

Er mod i'n gwybod am y daith ers misoedd, dwi wedi treulio'r dyddiau dwytha 'ma'n rhedeg ar ôl fy nghynffon yn trio hel dillad addas ar gyfer gwres a mosgitos a pharchusrwydd Moslemaidd – a phethau i'w rhoi i blant pentref Gbara; dillad, teganau, llyfrau ac ati. Dwi'n eitha siŵr eu bod nhw'n dal yn ofnadwy o dlawd yno. Wel, am wn i. Er fod gweddill y criw yn gwybod pob dim cyn i ni fynd, dwi ddim.

Er mai fi wnaeth y nodiadau cyntaf ar gyfer y rhaglen 'ma, enwau pobol a llefydd i ddod o hyd iddyn nhw ac ati; ein fficsar Nigerian ni, Victor Okhai, sydd wedi bod yn gwneud gweddill yr ymchwil. Mae o wedi bod yn rhannu'r wybodaeth honno efo'r cynhyrchwyr ers misoedd, ond mi benderfynodd pawb fy nghadw i yn y niwl. Ac ro'n i'n cytuno efo hynny. Dwi'm yn hapus am y peth, nacdw; dwi'n nyrfys ynglŷn â be maen nhw'n ei gadw oddi wrtha i ac mae'n gas gen i pan maen nhw'n hel at ei gilydd hebdda i a thaflu ambell edrychiad dros ysgwydd tuag ata i – fel ddigwyddodd pan fuon nhw'n ffilmio yma wythnos dwytha. Dwi'n teimlo gymaint allan ohoni. Ond mynd i wneud rhaglen deledu ydan ni, a taswn i'n gwybod pob dim ymlaen llaw, mi fysa'n ffals yn bysa? Mi fydd hi'n llawer mwy naturiol i mi gael ymateb i bob dim yn fyw, fel petae. Ac mi fysa'n gas gen i orfod esgus neu actio. Nid actores mohonof ac mae'n gas gen i set-yps celwyddog ar y sgrin!

Y broblem efo hyn ydi mod i'n dychmygu pob math o bethe. Dwi'n gwybod y bydd rhai o fy nghyn-ddisgyblion wedi marw: mae AIDS yn rhemp yno yn un peth, felly dwi'n paratoi fy hun ar gyfer hynny. A dwi'n gwybod yn barod bod un o fy hoff ddisgyblion i wedi marw – Mohammed Zhitsu. Dwi'n sôn cryn dipyn amdano fo yn *Dyddiadur Gbara*; mae 'na lun ohono fo ynddo fo hyd yn oed. Tipyn o gymeriad, a thipyn o sgamp. Roedd o'n ofnadwy o glyfar a sydyn ond yn gallu bod yn hen ddiawl bach hefyd. Mi fu'n rhaid i mi ei gosbi o unwaith; dwi'm yn cofio be'n union wnaeth o ond rhywbeth digon drwg i mi roi cosb reit gas iddo fo. Dwi'm yn siŵr os wnaeth o faddau i mi am hynna a dweud y gwir. Ro'n i wir isio'i weld o eto, ond mi ges i ebost gan Victor ar ddechrau'r ymchwilio yn dweud 'he has passed'. Dim mwy o fanylion na hynna. Ges i goblyn o sioc ac ro'n i reit ddagreuol. Dyna pryd benderfynwyd na ddylwn i gael mwy o negeseuon gan Victor.

Ond mi ffoniodd o neithiwr. Mae o mor annwyl, ac roedd o isio sgwrs fach efo fi cyn i ni gyfarfod yn Abuja. Roedd o'n ofalus iawn i beidio dweud gormod, ond roedd o isio fy sicrhau i mod i'n mynd i gael amser anhygoel. 'They all remember you!' meddai o. Ydyn, siawns! Mi gawson ni lot o hwyl yn yr ysgol 'na. Nefi, dwi'n edrych ymlaen am eu gweld nhw eto. Fydd y gwersi gawson nhw gen i wedi bod o unrhyw les iddyn nhw? Ddim llawer, mwn – ond erbyn cofio, roedd llawer iawn o'r athrawon eraill yn rhy ddiog i fynd i'w gwersi. Ia, yr athrawon, nid y disgyblion. Gawn ni weld os fydd pethau wedi newid ar ôl chwarter canrif. Ac os fydd McDonalds a chaffis seibr wedi cyrraedd Gbara. Gobeithio ddim.

Un peth sy'n sicr wedi newid ydi bod cyfraith Foslemaidd Sharia yn llawer mwy llym yno rŵan. Fel merch, doeddwn i ddim yn dangos fy ysgwyddau nôl yn yr 80au, ond erbyn heddiw, mae'n eitha posib na ddylwn i wisgo trowsus mewn ambell le chwaith (cur pen i mi, sydd bron byth yn gwisgo sgertiau bellach). Ac mae yfed alcohol yn anghyfreithlon, felly sgwn i be sydd wedi digwydd i'r hen arfer o yfed *munge*, sef gwin palmwydd? A'r Bida Cool Spot, y dafarn awyr agored lle fydden ni y VSOs yn ymgynnull ar benwythnosau?

A dwi'm yn siŵr be i'w wneud o'r holl adroddiadau bod Nigeria wedi mynd yn wlad hynod beryglus. Mi dynnodd y criw ffilmio gwreiddiol eu henwau yn ôl ar ôl gweld yr adroddiad iechyd a diogelwch.

Visits to Nigeria can involve considerable risk. Forward planning, training, vigilance and cultural sensitivity are essential as ethnic, religious and regional discriminations are widespread, and associated tensions often pose serious security concerns. Western embassies continue to warn of the ongoing threat of terrorism, attacks by armed militias, crime, and kidnap to foreigners in Nigeria. Attacks may be indiscriminate throughout the country and include places frequented by foreigners. Travellers and foreign nationals working in Nigeria will continue to be targets of violence. General strikes and political violence are common, and vigilante violence has increased throughout the country. Such factors, combined with a critical level of crime, as well as perilous driving conditions throughout the country and the possibility of diseases and injuries constitute the major threats to the crew ... Protests have a tendency to escalate swiftly and may spread throughout the country. Gang violence and banditry can spread across regions ...

Dydach chi'm yn eu beio nhw ar ôl darllen hynna nacdach? Mae'n debyg bod Nigeria yn rif 4 ar y rhestr o wledydd mwya peryglus y byd, ond fyddwn ni ddim yn mynd i'r ardaloedd peryg. Yn y de a'r gogledd mae'r rheiny, ac mae Gbara yn digwydd bod yn y canol. A fydd 'na'm rhaid i ni lanio yn y de (Lagos) na'r gogledd (Kano) am fod 'na faes awyr yn Abuja bellach (Abuja ac nid Lagos ydi'r brifddinas ers 1991), ac yn y canol mae fan'no hefyd. Wedi dweud hynny, fe allai un o'r criwiau drwg o'r de glywed bod 'na griw ffilmio (efo geriach drud) o gwmpas y lle. Felly mae 'na foi diogelwch yn dod efo ni, boi sy'n arfer edrych ar ôl y wasg yn Afghanistan ac ati. Ac o be welais i yn y cyfarfod efo fo yn Abertawe rhyw fis yn ôl, mae Steve yn hen foi iawn, diolch byth, nid yn rhy 'gung-ho' am bethau. Ac mae o'n hoff iawn o bobol Nigeria. Pwynt mawr o'i blaid o. Ond roedd o'n dweud y dylen ni i gyd ddod â sgidiau call efo ni – nid fflip-fflops – rhag ofn y byddai'n rhaid i ni redeg. Hm. Wel, sori, ond fflip fflops fydda i'n eu gwisgo yn Gbara, mêt. Ac mi ddylen ni i gyd gario bag bach llawn hanfodion efo ni bob amser – sef pasport, tabledi malaria, potel o ddŵr ayyb, rhag ofn i ni gael ein herwgipio neu orfod dianc ar frys i rywle ... wel, rydan ni ferched wastad yn cario bagiau felly efo ni i bob man beth bynnag 'tydan?

Catrin oedd efo fi yn Uganda a Kenya oedd i fod i gynhyrchu, ond mae'r hogan wedi bod yn flêr – mae hi'n disgwyl babi wythnos nesa! Felly mae hen ffrind coleg i mi, Dyfrig Davies yn dod yn ei lle hi. Mae ganddo fo ddigon o hiwmor felly mi fydd pobol Nigeria wrth eu bodd efo fo.

Mei Williams o'r Wyddgrug ydi'r dyn camera, un sydd wedi hen arfer ei 'ryffio hi' tra'n ffilmio cyfresi *Tribal Wives*, a Cheryl Jones o Lanbed sy'n gwneud y sain, hithau wedi hen arfer mynd i lefydd anghysbell efo Iolo Williams. Do'n i 'rioed wedi cyfarfod yr un o'r ddau o'r blaen, ond wedi rhyw ddeuddydd yn eu cwmni nhw, dwi wedi penderfynu mod i wrth fy modd efo nhw (dim ffrils, dim ffys – grêt!), felly rhwng Victor a phawb, mi ddylai hwn fod yn drip i'w gofio.

Mi ofynnodd Mei i mi sut berson oeddwn i 25 mlynedd yn ôl a sut berson ydw i rŵan. Argol, dyna i chi gwestiwn. Wedi pendroni, ar wahân i'r ffaith mod i dipyn tewach rŵan nag o'n i yn 22 oed, ro'n i'n bendant yn llawn egni bryd hynny, a llawn brwdfrydedd ac yn gêm am unrhyw beth. Dwi'm yn hollol swrth rŵan chwaith, ond mae nghorff i'n cwyno os fydda i'n gwneud gormod – y cymalau yn gwingo wrth godi, neu'n sgrechian os fydda i wedi bod yn gaeth mewn awyren/bws mini/canŵ yn rhy hir. Gawn ni weld sut fydd fy lefelau egni i ar ôl chydig o nosweithiau yn chwysu fel hwch i gyfeiliant miloedd o fosgitos sychedig. Achos dyna'r co' sydd gen i o Gbara gyda'r nos: y mosgitos mwya a mwya dieflig a welais i erioed yn unrhyw le. Mi fydd hi'n ddiwedd y tymor gwlyb rŵan, sy'n golygu y bydd 'na lwythi o byllau dŵr ar hyd y lle, sy'n golygu y bydd y mosgitos ar eu gwaetha.

Ar un adeg, er gwaetha'r gwres, mi fyddwn i'n sgwennu llythyrau yng ngolau'r lamp baraffin efo trowsus hir amdana i, y coesau wedi eu stwffio i mewn i sanau tewion a sgidie, a bagiau plastig am fy nhraed wedyn am fod y pryfetach o uffern yn mynnu brathu drwy'r cwbl – er mod i wedi rhoi stwff atal pryfed drosta i. Mae'r bali pethau yn hoff iawn o flas fy ngwaed i. Wel, mi roedden nhw pan ro'n i'n 22. Dim ond gweddïo y bydd fy ngwaed i wedi newid ei flas ers hynny.

Dwi'n dal yn llawn brwdfrydedd; a bod yn onest, dwi wedi cynhyrfu gymaint am y trip yma, dwi'n bownsio. Fues i 'rioed fel hyn ar gyfer tripiau *Ar y Lein*. O'n, ro'n i'n edrych ymlaen, ond do'n i ddim fel hyn. Fel maen nhw'n dweud yn y trêlars ffilmiau: 'This time, it's personal ...'

Dwi wedi bod wrthi fel peth gwirion yn paratoi stwff ar gyfer y plant ysgol, yn gardiau fflach a lluniau, yn gofyn i wahanol weisg roi llyfrau addas i mi, yn casglu hen ddillad a theganau Meg, Robin a Daniel i'w rhoi i blant bach Gbara (mi fyddan nhw wedi gwirioni'n bot!). Mi es i draw i Ysgol y Gader i ddangos sleidiau i Blwyddyn 10 a gofyn fydden nhw'n fodlon hel pres rhywsut i ni gael prynu offer chwaraeon ac ati i Ysgol Gbara. Wel oedden, yn bendant, a rŵan, diolch i Genesis, cwmni argraffu crysau o Dywyn lwyddodd i gael y cwbl yn barod o fewn dyddiau, mae gen i lond bag o grysau a siorts pêl-droed newydd sbon danlli i fynd efo fi, efo GBARA yn fawr ar y blaen a 'sponsored by Ysgol y Gader' oddi tano fo. A meicrosgop i'r gwersi gwyddoniaeth a pheli a phwmp a phob dim. Fedra i'm aros i weld wynebau'r plant 'na!

Ydw i'n dal yn gêm am unrhyw beth? Wel ... er mod i'n gwybod yn iawn y bydda i'n diodde yn y gwres, dwi'n edrych ymlaen at gerdded drwy'r pyllau dŵr at yr afon a chroesi'r Kaduna mewn dugout eto. Dwi'n gêm i drio dawnsio dan y goeden anferthol yng nghanol y pentre, ond fydda i ddim yn mentro break-dancing tro 'ma. Rhag ofn i mi dorri rhywbeth ynde. Dwi'n edrych ymlaen at drio bwyta eba (rhyw fath o does sy'n cael ei wneud efo yam) eto a gweld os fydda i'n dal yn gallu siarad ar ôl powlen o Chicken Pepe Soup. Mae'r pepe yn fflamboeth. Blas o bush rat fyddai'n dda hefyd. A gawn ni weld sut fydd fy stumog i (a gweddill y criw) yn ymdopi efo'r chop (bwyd). Ges i amoebic dysentry yn 1985 a does gen i fawr o awydd cael hwnnw eto a bod yn onest.

Na, doedd bywyd ddim yn hawdd yno o bell ffordd, ac o bori drwy fy nyddiaduron, ro'n i'n gwneud fy siâr o gwyno. Ond dyma i chi ddarn o lythyr at fy ffrind, Olwen yn 1984 (ro'n i newydd gwyno ar fy myd):

'Ond pan fyddai'n ista yn y canŵ yn edrych ar yr afon a'r olygfa o nghwmpas i ac mae'r plant bach yn rhedeg i lawr i'm helpu efo'r bagiau, a'r merched bach yn chwarae efo 'ngwallt i, a'r plant ysgol yn dweud 'I liking you, sir' wrtha'i, ac mae'r haul yn mynd i lawr a'r plant yn dawnsio o gwmpas y goeden mango a'r merched yn canu yn Nupe ... dwi wrth fy modd!'

Os ga'i brofi hynna i gyd eto, mi fydda i ar ben fy nigon. O, drapia, dwi'n dechrau crio rŵan dim ond wrth feddwl am y peth. Nes i grio bore 'ma hefyd – wrth fynd am dro drwy'r coed efo Del fy ngast goch, a sylweddoli mai hi fydda i'n ei cholli fwy na neb tra bydda i i ffwrdd. Ia, ci.

Hurt – dwi'n gwybod, ond dyna fo. A dwi'n sicr ddim yn mynd i gyfadde hynna wrth bobol Nigeria! Mae Steve wedi dweud y dylai Cheryl a finna wisgo modrwy ar ein bys dyweddïo, achos mi gawn ein mwydro'n rhacs fel arall. Felly dwi wedi prynu un am £5 yn dre ac yn trio dod i arfer efo hi. Fyddan nhw jest methu derbyn mod i ddim yn briod. Roedd o'n ddigon anodd iddyn nhw ei dderbyn pan o'n i'n 22, heb sôn am 47! Dydi pobol jest DDIM yn byw ar eu pennau eu hunain yn Nigeria ac mi fyddan nhw'n teimlo drosta i – a gweddill y criw (heblaw Dyfrig, yr unig un sy'n briod, ac mae Cheryl wedi dyweddïo erbyn dallt) – yn arw. Ond gas gen i ddweud celwydd – a be wna'i os fyddan nhw isio gweld llun o ngŵr i?!

Abuja. Dydd Llun, 28ain Medi

Rydan ni i gyd yn dal i eistedd yn disgwyl am frecwast yn y gwesty er ei bod hi'n 11.45. Rydan ni wedi aros dros dri chwarter awr rŵan a does 'na'm golwg ohono fo byth! Ond dyna fo, 'No hurry in life' oedd wedi ei beintio ar bob lori pan o'n i yma ddwytha. Braf gweld bod pethau ddim wedi newid ... dwi'n meddwl.

Dim ond rhyw awren o gwsg gawson ni rhwng bob dim. Doedd ein llofftydd ni ddim yn barod yn y gwesty cynta felly bu raid i Victor ddod o hyd i un arall. Pum munud i fynd i'r tŷ bach yn fan'no ac i ffwrdd a ni i gael ein trwyddedau gwaith – oedd yn sioc fawr i'r system ac yn chwyldroi y busnes 'No hurry in life' yn llwyr. Dim ond rhyw awr gymerodd hi i'w cael nhw – a bu'n rhaid i mi aros 3 wythnos yn 1984! Ac roedd pawb mor glên a hapus i'n helpu ni. Ydi Nigeria wedi newid cymaint ynteu Victor sy'n chwip o fficsar? Dwi'm yn siŵr.

Y tro dwytha i mi fod yn Abuja, megis dechrau ei hadeiladu hi oedden nhw. Roedden nhw wedi dechrau arni ar ddiwedd y 70au ond mae codi dinas allan o ddim yn dipyn o job. Erbyn hyn, mae hi'n ddinas enfawr, lân a threfnus. Roedd y maes awyr yn sioc i gychwyn – pawb yn ciwio'n dawel ac ufudd, neb yn cythru, neb yn gweiddi fel y bydden nhw yn Lagos a Kano ers talwm. Dim hassyls wrth ddangos fy mhasport chwaith. Wedi ychydig eiliadau, 'You are done,' meddai'r boi. Waw. A'r un sioc eto wrth yrru am y ddinas. Fawr ddim baw na blerwch – a dim arogl wrth ddod oddi ar yr awyren chwaith. Am ei bod hi'n 4.30 y bore ar y pryd efallai. A dydi hi'm yn rhy boeth yma – a does 'na ddim mosgitos! Beryg mai dyna un o'r rhesymau y penderfynodd y Llywodraeth symud y Brifddinas i'r rhan yma o'r wlad. Roedd Lagos wedi mynd yn rhy fawr a rhy beryg, ac mae'n le poeth a chwyslyd iawn. Ac yn wleidyddol hefyd, roedd yn syniad da symud i ganol y wlad, i osgoi tensiynau rhwng gwahanol lwythi a chrefyddau. A hyd y gwela' i, mae o wedi gweithio. Mae'r lle'n teimlo gymaint mwy diogel na Lagos. Ond mae Victor yn daer bod Lagos wedi gwella'n arw ers yr 80au. Dydi Steve ddim i'w weld yn cytuno ...

Roedd cyfarfod Victor fel cyfarfod hen ffrind. Rydan ni wedi siarad cymaint ar y ffôn ac ro'n i wedi gweld ei lun yn y dogfennau, felly nes i ei nabod yn syth, dyn efo sbectol a wyneb crwn, a gwên sy'n torri ei ben yn ei hanner. Mae o mor glên a gymaint o isio plesio. Ac yn edrych ymlaen at y trip yma fwy na 'run ohonon ni. Am ei fod o eisoes wedi cyfarfod pawb, mae o'n dechrau dweud pethau fel 'I can't wait to see your face when ...' yna'n torri i ffwrdd cyn iddo ddweud gormod, a giglan wrtho'i hun. Mae'r dyn wedi cynhyrfu'n lân! Ac roedd mynd i rywle fel Gbara yn sioc fawr i'w system. Yn y ddinas y cafodd o'i fagu a dwi'm yn siŵr pa mor aml mae o wedi gorfod bustachu drwy wair hir a phyllau mwdlyd a mynd mewn canŵ o'r blaen.

O ia, dibynnu ar ei Sat Nav i ddod o hyd i bob man mae o; hogyn o Lagos ydi o wedi'r cwbl, a'r gyrwyr hefyd, felly dydyn nhw ddim yn nabod Abuja gystal â hynny. Dwi'n methu dod dros y ffaith bod 'na Sat Nav yn Nigeria, ond dydi'r gyrwyr ddim yn ei ddallt o'n iawn ac rydan ni'n mynd ar goll dragwyddol! Mae o'n eitha digri a dweud y gwir.

Dydd Mawrth, 29ain Medi

Dwi allan ar y balconi yn cael fy myddaru gan y *generator* anferthol tu allan. Mae'r lleill yn gwneud rhywbeth yn stafell Mei a dwi'm yn cael gweld na gwybod be sy'n mynd ymlaen. Mae'n teimlo fel taswn i wedi cael fy ngyrru i Coventry – a finna'm wedi gwneud dim!

Wedi cysgu'r rhan fwya o pnawn ddoe a chysgu fel babi eto neithiwr. Methu dod dros y diffyg mosgitos. A does 'na'm fwlturiaid yma chwaith – oherwydd nad oes 'na lanast mae'n siŵr ynde?

Ein blas cynta o gwrw Star neithiwr. Dwi'm yn hoff iawn o lager ond mi fedra'i yfed Star – wel, y caniau bychain o leia. Mae'n stwff cry. Aros i Victor ddod yn ôl o Bida/Minna am 10.00 cyn cael swper (ges i *Jollof Rice* – reis eitha poeth, oren – oherwydd yr olew palmwydd – a sgodyn – neis iawn). Y creadur wedi cael taith uffernol – wedi gyrru dros gerrig a malu'r symp – hwnnw'n cael ei drwsio heddiw neu mi fydd rhaid cael car newydd.

Codi am 7.00 bore 'ma i archebu brecwast mewn digon o bryd i ni fedru ei gael o, ei fwyta fo a mynd allan i ffilmio erbyn 8.00. Ond am 7.45 ges i fy omlet tomato. Cafodd y rhai ofynnodd am frecwast cyfandirol eu siomi. Do, mi gawson nhw fara ond doedd 'na'm menyn na jam. Ond mi gafwyd mêl wedi i Victor ddechre gweiddi. Dwi wedi rhoi copi o *Ramboy* (y nofel Saesneg ar gyfer plant dwi newydd ei chyhoeddi) iddo fo yn bresant – wedi plesio dwi'n meddwl! Mae o'n sgwennu ei hun ac am ddangos un o'i straeon i blant i mi.

Does 'na ddim plwg yn y sinc yn fy llofft i, dim ond anferth o dwll dwfn, a phan rois i fy mag colur ar yr ochr, mi syrthiodd yndo, ac aeth un o fy nghlust-dlysau (yr unig bâr ddois i efo fi!) i lawr y twll. Wedi cryn hanner awr o chwysu a rhegi, gofynnais i Mei fy helpu (mi wnaeth ei orau – a methu) ond hanner awr yn ddiweddarach mi wnes i lwyddo i'w gael allan drwy gyfrwng clip gwallt ar un o rwymau plastig y cêsus. Neidio mewn llawenydd wedyn.

Sôn am bling, mae'r bali modrwy 'ma'n mynd ar fy nerfau i. Mae 'na reswm pam mod i byth yn gwisgo modrwyau – maen nhw'n mynd ar fy nerfau i!

Mynd i ffilmio fi a Victor toc cyn mynd i swyddfa VSO ac wedi cael gwybod y ca'i weld DVD o negeseuon gan rai o fy nghyn-ddisgyblion – edrych ymlaen was bach.

Pan fuon ni'n gyrru drwy'r ddinas yn gynharach (a llais y ddynes Sat Nav yn ein gyrru'n hurt), ro'n i'n synnu at ba mor drefnus oedd pawb. Neb yn gyrru'n wyllt, pawb yn cadw at ei ochr o o'r ffordd. Ond pan lanion ni mewn tagfa draffig ar y draffordd, aeth y ddwy lôn yn bump yn o handi! Ac roedd un 'lôn' yn mynd i fyny'r ffordd anghywir ar yr ochr arall! Ieee! Dydyn nhw'm wedi newid cymaint â hynna felly!

Mae llawlyfr Bradt am Nigeria yn dweud bod Abuja yn ddinas eitha diflas onibai eich bod chi'n hoffi adeiladau o'r 70au ac adeiladau ar eu hanner, a bod y rhan fwya o *ex-pats* a phobol Nigeria yn hedfan yn ôl i Lagos ar benwythnosau. Pan gynlluniwyd y ddinas, wnaethon nhw'm meddwl am atyniadau ar gyfer ymwelwyr, a chan ei bod hi'n ddinas mor newydd, does 'na'm byd hanesyddol i'w weld yma. Ond o'm rhan i, mae jest sbïo ar bobol yn cerdded a gyrru heibio yn ddifyr. Sut all Nigeria fod yn ddiflas, neno'r tad?

Dydd Mercher, 30ain Medi, 4.20 y pnawn

Yn y car ar y ffordd yn ôl i Abuja mewn glaw diawledig. Ond nes i nabod y cymylau duon 'na sbel yn ôl. Roedden nhw'n byrlymu'n fygythiol tuag aton ni, wedyn dyma'r taranau'n dechrau, chydig o fellt wedyn, yna coblyn o wynt a dyma'r glaw yn disgyn yn ddafnau mawr – jest bob hyn a hyn i ddechrau a datblygu'n o handi yn fwcedi go iawn. Gwych!

Roedden ni'n disgwyl rhywfaint o law; diwedd y tymor gwlyb ydi hi, felly mae 'na ambell storm o gwmpas o hyd. Doedden ni'm isio dod ar ganol y tymor sych, pan fyddai'r gwres yn annioddefol, na phan fyddai gwynt yr *harmattan* o gyfeiriad y Sahara yn troi pob dim yn oren a llenwi'r offer efo tywod. A hurt fyddai dod yng nghanol y tymor gwlyb gan fod rhywle fel Gbara bron yn amhosib ei gyrraedd wedyn. Mae ambell gawod fel hyn yn berffaith – wel, cawod go drom ta. Ond dydi o ddim yn hwyl i yrru ynddo fo; dydi'r gyrrwr yn gweld dim – yn enwedig gan fod blêd un o'r weipars newydd ddisgyn i ffwrdd.

Rydan ni ar y ffordd yn ôl i swyddfa VSO i drio cael rhai o'r shots gollon ni ynghynt am ein bod ni ar frys. Aeth Victor a Kaseem y gyrrwr ar goll (eto) bore 'ma felly roedden ni'n hwyr yn cyrraedd. Roedd 'na hogan o'r enw Teleri yno; mae hi'n gwneud VSO yma ar hyn o bryd, ac mae ei rhieni o Gaerfyrddin ond dydi hi'm yn siarad Cymraeg. Dynes fawr wen sydd wedi priodi Nigeriad ydi'r bos – Julia. Hen hogan iawn. Mae Liz sy'n reolwr prosiectau yn hogan neis hefyd, ac am ei bod hi'n disgwyl, mi fydd hi a'i gŵr yn mynd adre i Brydain ar yr un awyren â ni.

Mae'r cylchgrawn maen nhw'n ei wneud yma rŵan yn broffesiynol ac yn sglein i gyd, dim byd tebyg i *Wawa*, y cylchgrawn oedd o gwmpas yn yr 80au. Mi fues i'n ei olygu am y flwyddyn ola – pob dim ar deipiadur wedyn ei ddyblygu ar un o'r peiriannau Banda 'na oedd yn defnyddio inc piws – cofio'r rheiny? Ro'n i hyd yn oed yn tynnu llun y clawr fy hun. Cymysgedd o erthyglau, straeon, risetiau a cherddi dwys a digri oedd o bryd hynny; rhywbeth i ddiddanu'r VSOs. Ond mae'r cylchgrawn yma'n fwy o declyn i farchnata VSO i'r byd tu allan. Ond dyna fo, dim ond 57 VSO sydd yma rŵan, ac roedd 'na dros 200 pan o'n i yma, dwi'n siŵr.

Does 'na'm un VSO yn Niger State rŵan. Dwi'm yn siŵr pam, tybed ydi'r ffaith fod yr ardal dan gyfraith Sharia bellach yn gwneud gwahaniaeth? A does neb yn cael eu gyrru i ysgolion gwledig fel Gbara. Gweithio mewn colegau hyfforddi athrawon mae pawb sy'n y maes addysg, a'r athrawon maen nhw'n eu hyfforddi sy'n mynd allan i'r ysgolion gwledig. Ac mae nifer fawr o'r gwirfoddolwyr yn gweithio ym maes HIV/Aids yma.

I Kumbu wedyn i weld Mary, VSO o Aberdeen yn hyfforddi criw o *Corper Plus*. Roedd 'na *Corpers* o gwmpas yn fy nghyfnod i, ac os dwi wedi dallt yn iawn, myfyrwyr lleol ydyn nhw sy'n gorfod gwneud blwyddyn allan mewn ysgolion fel rhan o'u cwrs gradd. Ond maen nhw'n cael cyflog go lew am wneud hynny. *Corpers* sy'n gwneud blwyddyn ychwanegol arall – yn wirfoddol – mewn ysgolion gwledig ydi'r *Corper Plus*, fel eu bod nhw'n gallu helpu'r ysgolion a'r disgyblion hynny. Tydi o'n syniad da? Ac yn rywbeth y dylai gwledydd eraill ei fabwysiadu yn fy marn i, sef annog (neu hyd yn oed orfodi!) pawb sydd wedi graddio (yn enwedig disgyblion Eton a'u tebyg sydd wedi cael bywyd hawdd ac yn siŵr o fynd mewn i'r byd gwleidyddol heb syniad mwnci o sut mae bywyd 'go iawn') i wneud cyfnod o helpu mewn ysgolion sydd angen help – neu rywbeth sy'n cyfateb i hynny. Mae'n ffordd o agor eu llygaid i ofynion a phroblemau addysg.

Yn yr achos yma, mynd i bentrefi gwledig, anghysbell mae pawb, felly mae 'hogia dre' yn cael sioc ar eu tinau yn gorfod byw heb drydan na dŵr tap. A chyflog bychan iawn mae'r *Corper Plus* yn ei gael – jest dros y ffin dlodi. Dim ond megis dechre maen nhw ar y cynllun yma yn Nigeria, ond mae o wedi bod yn llwyddiant mawr yn Ghana. Y broblem ydi fod teuluoedd yn disgwyl i'w plant gyfrannu pres i'r teulu ar ôl graddio, ond dydyn nhw'm yn gallu gwneud am sbel (o fis Medi tan Chwefror/Mawrth) os yn *Corper Plus* nacdyn? Felly dim ond pobol o deuluoedd eitha cefnog neu hynod asgell chwith sy'n gallu gwneud hyn.

Ond maen nhw'n cael eu hyfforddi'n dda iawn gan bobol fel Mary. Er mod i wedi meddwl ei bod hi wedi ymddeol (wps, y gwallt gwyn oedd o, ond nid pawb sy'n lliwio eu gwallt ar ôl 45 naci?), dim ond 54 ydi Mary, ac roedd hi'n athrawes mathemateg yn Aberdeen nes iddi benderfynu gadael ei swydd, ei gŵr a'i phlant i ddod yma. Ond dim ond swydd blwyddyn ydi hon, ac mae hi wrth ei bodd yma. Dysgu athrawon lleol mae hi ac mae'n cael mynd allan yn rheolaidd i'r ysgolion bychain i'w gweld nhw wrthi.

Mae hi a staff VSO yn fy sicrhau eu bod nhw'n dal i gael yr un profiad ag oedden ni ond bod eu sgiliau'n cael eu defnyddio'n well. Ydyn mae'n siŵr, roedd 'na dipyn go lew o'i le efo'r hen system. Er enghraifft, roedd 'na hen ddigon o athrawon Saesneg yn Nigeria, jest ddim isio dysgu mewn pentre anghysbell fel Gbara oedden nhw. A doedd dulliau rhai o'r athrawon yn dysgu dim i'r plant.

Mae'n gwneud synnwyr mai athrawon profiadol fel Mary ddylai ddod allan i ddysgu'r athrawon sydd eisoes yma sut i fod yn athrawon gwell. Ond eto ... chaiff VSOs heddiw mo'r un berthynas efo'r plant na chawn? Beryg mai dod i nabod oedolion eraill yn dda mae VSOs fan hyn bellach, nid plant, a dwi'n meddwl mai'r hen ffordd oedd yn fy siwtio i orau. Er mod i wedi cwyno digon am y mosgitos a'r diffyg adnoddau, mi wnaeth les i mi ar y pryd. Iawn, taswn i wedi cael damwain neu gael fy mrathu gan famba, mi fyddai cyrraedd sbyty mewn pryd wedi bod yn anodd. Efallai mai dyna i chi reswm arall pam fod VSOs yn cael eu cyfyngu i drefi mwy – yr hen aflwydd iechyd a diogelwch 'ma! A bosib bod pobol yn mynnu cael trydan a rhewgelloedd y dyddiau yma; dwn i'm. Synnwn i daten nad ydi'r sefyllfa'n amrywio o wlad i wlad hefyd.

Ta waeth, difyr oedd sylwi bod y *Corpers* i gyd (bron) yn gwisgo dillad Ewropeaidd, a'r VSOs i gyd, heblaw un o Uganda, yn gwisgo dillad Nigeriaidd.

Reis a sgodyn i ginio. Ges i salad tomato hefyd – sy'n torri'r rheolau iechyd a diogelwch wrth gwrs. Nagoes, does gen i ddim syniad sut ddŵr maen nhw'n ei ddefnyddio i olchi'r salad, ond mae fy stumog yn berffaith hyd yma ac fel prifddinas newydd, fodern, mae Abuja wedi hen arfer efo ymwelwyr o dramor, felly mae gen i deimlad eu bod nhw wedi dysgu bod angen golchi llysiau ayyb mewn dŵr potel. Mi â'i am bryd mwy Nigeriaidd unwaith y bydda i'n teimlo bod fy stumog yn dechrau dod i arfer efo'r cynhwysion dydi o'm wedi eu profi ers cyhyd. Ond mi ges i flas o rywbeth archebodd Victor heno, rhywbeth gwyrdd tywyll, *egusi* dwi'n meddwl, a doedd o'm yn gwneud i mi fod isio llond plât o'r stwff, rhaid

28

cyfadde. Mi wnes i flasu *Maltina* hefyd, diod di-alcohol mae'r gyrwyr Moslemaidd yn ei yfed, ac roedd o'n afiach.

Dydd Iau, 1af Hydref, 11.45 y bore

Teimlo fel taswn i wedi cael fy hwfro tu chwith allan. Mae mhoced i'n
llawn o hancesi gwlyb socen ac mae fy llygaid fel marblis. Dwi newydd
fod yn gwylio negeseuon fideo gan bobol Gbara.

Wnes i'm nabod y cynta i siarad, sef y prifathro oedd yn Gbara cyn i
mi fynd yno – mae'r ddau ro'n i'n eu nabod wedi marw. Ond roedd hwn
yn edrych yn dipyn o gymeriad – lwcus, achos mi wnaeth Victor ddangos
fy nodiadau iddo fo medda fo – lle ro'n i'n dweud bod na'm trydan yn yr
ysgol am fod y cyn-brifathro wedi mynd â'r *generator* efo fo ... wps! Mi
wnes i nabod Isah y prif fachgen yn syth – dio'm 'di newid dim ac mae ei
Saesneg o'n dal yn symol! Fyswn i byth wedi nabod Musa A Baba – mae
o mor dal a thenau a dwi'n ei gofio fo'n glamp o foi mawr cyhyrog. Ydi o
wedi bod yn sâl sgwn i? Mae Umar wedi twchu ond yn edrych rêl boi!
Cwpwl o wynebau a lleisiau eraill do'n i'm yn eu nabod o gwbl ac
roedden nhw'n edrych dipyn hŷn na'r lleill. Dallt wedyn na wnes i
gyfarfod rheiny erioed, roedden nhw jest isio siarad i mewn i'r camera fel
y lleill.

Ond wedyn, yng nghanol criw o bobol ar lan afon, roedd 'na ferch
mewn hijab. Do'n i methu gweld ei hwyneb hi am sbel, ond pan glywes i
ei llais hi ... roedd o fel sioc drydanol. Gogo! Un o ferched Blwyddyn 1, yr
unig un oedd yn ddigon hyderus i drio siarad Saesneg o flaen gweddill y
dosbarth! Mi ddechreues i grio'n syth, a phan glywes i 'Hello Miss
Bethan, you remember me?' nes i chwalu. Pan stopion nhw ffilmio'r peth
es i i fy llofft i gael crio go iawn mewn llonydd. Ro'n i'n gwybod bod y lleill
yn teimlo reit annifyr yn fy ngwylio i'n crio fel'na, mewn llofft fach mor
gyfyng, ac am mod i'n trio dal yn ôl, roedd o'n brifo. Mi wnes i drio
gwneud darn i gamera cyn gadael, a dyna pryd wnes i sylweddoli mai'r
gwir reswm dros fod isio dod yn ôl yma ydi i ddangos i fy nheulu a fy
ffrindiau be ydi Nigeria, be oedd fy mywyd i yma a sut bobol ydi'r
Nigeriaid. Mae'r llyfr a'r lluniau wedi egluro rhywfaint ond mi fydd
lluniau ar y teledu (y cyfrwng 'ma dwi'n mynnu mod i ddim yn or-hoff
ohono fo ...) yn egluro cymaint mwy.

Gyda'r nos

Mae 'na broblemau efo'r ceir. Mae un wedi malu'n llwyr ac mi fydd yn rhaid llogi dau arall ar gyfer y daith i Minna fory. Felly eistedd yn y gwesty fuon ni drwy'r pnawn, ar wahân i un trip bach sydyn i groesffordd weddol brysur. Roedd 'na chydig bach o densiwn rhwng Mei a fi yn fan'no. Roedd o isio i mi wneud darn i gamera yn dweud pa mor ofnadwy o beryglus ydi Nigeria, a finna ddim isio dweud hynny am mod i wir wedi dechre amau dilysrwydd yr honiad hwnnw. Mewn sgwrs ges i efo Steve, roedd o wedi dweud bod Nigeria'n uchel ar y rhestr o wledydd peryglus am fod y troseddau i gyd yn cael eu cofnodi yma. Ond mae 'na wledydd eraill lle tydi pob dim ddim yn cael ei gofnodi – Rwsia, y Congo ayyb. Cytunodd Mei a fi i gyfarfod yn y canol yn y diwedd, ond pan ro'n i'n gwneud y darn roedd o'n dweud mod i'm yn swnio'n ddigon difrifol. Y? A finna'n gwneud fy ngorau! Ond ges i'r un broblem yn Tseina yn gwneud rhaglen ar yr Yangtze. Mae 'na rywbeth am fy llais neu fy llygaid i sy'n swnio fel taswn i'n gwenu – fel Dylan Ebenezer. Ond wedyn mi dynnodd Steve fy sylw at ddynes yn eistedd ar y pafin y tu ôl i Mei a Cheryl – roedd hi'n fronnoeth – efo tiwmor erchyll ar un o'i bronnau. Does 'na'm posib y bydd hi'n byw'n hir iawn efo rhywbeth fel yna. Ches i ddim trafferth swnio'n ddifrifol wedyn.

Dwi'n falch ofnadwy y byddwn ni'n symud ymlaen fory. Dwi wedi dechrau laru ar Abuja rŵan a jest a drysu isio mynd i Gbara. Ond dwi'n poeni hefyd. Hyd yn oed rŵan, oriau yn ddiweddarach, dim ond i mi feddwl am y fideo, dwi'n dechre crio eto. Do'n i'm yn disgwyl ymateb fel yma mor sydyn. Os dwi'n crio fel hyn rŵan sut fydda' i yn Gbara?!

Dydd Gwener, 2il Hydref, 8.00 y bore

Rydan ni i fod i adael am Minna rŵan ond gan fod yr hogia yn dal i ffidlan efo un o'r ceir, dwi'm yn ein gweld ni'n gadael am sbel eto.

Mae archebu brecwast yn y gwesty 'ma'n hilêriys. Ti'n gofyn am omlet caws a ti'n cael omlet blaen efo sglodion. Dwi'n meddwl bod 'na ddryswch efo'r gwahaniaeth rhwng 'cheese' a 'chips'. Mi wnaeth Cheryl bwysleisio wedyn ei bod hi isio caws. 'We have no cheese' meddai'r weinyddes. 'You want corned beef?' Dwi hefyd wedi gorfod egluro i Dyfrig bod 'You want to chop something?' yn golygu 'Wyt ti isio rhywbeth i'w fwyta?'

A neithiwr, mi wnaethon ni archebu pitsas wrth y pwll nofio am 7.30. Am 8.30 doedd 'na'm golwg ohonyn nhw. Wedi holi, roedd y ferch wedi mynd â nhw i'n llofftydd ni. Gawson ni nhw am 9.00 yn y diwedd, a druan o Mei y llysieuwr ... roedd pob un yn blastar o gyw iâr!

Nos

Minna. (Poblogaeth yn 2008 – dros 300,000. Mwy erbyn hyn. Man aros i'r carafanau oedd yn teithio'n ôl a 'mlaen o'r Sahara yn y 15-16eg ganrif. Wedi tyfu fel man allforio *groundnuts* (cnau mwnci) pan gyrhaeddodd y rheilffordd yn 1915. Yr awdur Ben Okri wedi ei eni yma).

Niger State o'r diwedd!

Aeth Steve dros ben llestri heddiw a dechre mynd ar nerfau Dyfrig, Victor a finna. Dim ond trio gwneud ei waith mae o mae'n siŵr, a gwneud yn glir i'r gyrwyr mai fo ydi'r bos. Ond nefi wen, oes raid iddo fo weiddi arnyn nhw fel'na? Roedd o wedi gwylltio am nad oedden nhw wedi rifyrsio i barcio y tu allan i rhywle (haws ar gyfer *quick getaway*), ond pan ddechreuon nhw droi'r ceir rownd i'w blesio fo, aeth swyddogion diogelwch yr adeilad yn benwan. Does gan neb hawl i barcio fel'na oherwydd yr union reswm hwnnw! Dydi'r Nigeriaid ddim yn dwp ...

A doedd o ddim yn fodlon i ni aros yn y Ja'afaru Guesthouse, y 'gwesty' fues i a Katie ynddo fo am dair wythnos nôl yn 1984. Doedd o ddim yn hapus efo'r stafelloedd o ran diogelwch. O wel. Poeni dim arna

i. Dydi'r lle ddim wedi newid ers 1984. Mae'r ogla mwsoglyd yn dal yr un fath, yr un lluniau o gyn-arweinwyr Niger State ar y waliau, ac maen nhw'n dal i gynnig cwstard i frecwast! Mi dynnais i lwyth o luniau er mwyn eu gyrru i'r cyn-VSOs eraill oedd yn nabod y lle mor dda.

Ymlaen â ni i westy'r Shiroro, rhywle arall oedd yma nôl yn yr 80au, ond rhywle na fues i ynddo fo erioed am ei fod o'n rhy ddrud. Dydi o ddim yn grand iawn bellach. Does 'na'm dŵr yn dod drwy'r tapiau, ond mae 'na anferth o bwced fawr ddu efo caead arni yn y bath, a phowlen lai er mwyn tywallt y dŵr oer, hyfryd dros eich pen. Ia, oer, ond roedd hynny'n wych am ei bod hi gymaint poethach fan hyn nag yn Abuja. Ond hyd yma – dim mosgitos. Be sydd wedi digwydd iddyn nhw?

Roedd 'na briodas wedi bod yma heddiw a channoedd o ddynion hynod o smart mewn *rigas* (siwt o drowsus a chrys hir, hir, llac ofnadwy o'r un lliw) lliwgar o gwmpas y lle. Ac roedd pawb mor hynod o gyfeillgar. A ffotograffydd swyddogol y briodas yn mynnu tynnu lluniau ohonon ni hefyd! Dwi'm yn meddwl eu bod nhw'n gweld llawer o wynebau gwyn yma bellach.

Amser swper aeth Steve ar ein nerfau ni eto. Roedd y gweinydd bach druan yn gwneud ei orau glas ond yn amlwg: a) ddim wedi arfer efo'n hacenion ni, b) ddim wedi arfer efo rhywun yn archebu rhywbeth heblaw *eba* ar y fwydlen. Bob tro roedden ni'n gofyn am rywbeth, byddai'n rhedeg i'r gegin a rhedeg yn ei ôl i ddweud 'Sorry, it done finish.' Wedyn, wedi sicrhau bod yr hyn roedden ni ei isio ar gael, mi fyddai'n rhedeg yn ôl eto i wneud yn siŵr ei fod wedi ein deall ni'n iawn. Roedden ni i gyd yn egluro yn araf a phwyllog ond roedd ein cyfaill di-Gymraeg yn bod yn rêl Prydeiniwr yn gweiddi ar y creadur. Mi fydd Victor yn gweiddi hefyd, ond mae'n iawn iddo fo wneud. Mae 'na rywbeth yn wrthun am weld boi gwyn yn codi ei lais fel'na. Ond roedd Victor druan yn cysgu'n sownd yn ei lofft ar y pryd, y creadur, wedi blino'n rhacs ar ôl trio archebu ceir newydd a gwesty newydd ac ateb ugeiniau o alwadau ar ei ddau ffôn symudol drwy'r dydd.

Mae'n debyg mai rhai o fy nghyn-ddisgyblion i sy'n ei ffonio bob munud. Maen nhw'n gwybod mod i yma ac ar dân isio 'ngweld i ond wnaiff Victor ddim gadael iddyn nhw ddod yma nes bod y criw yn barod i hynny ddigwydd. Mae 'na amserlen wedi ei gweithio allan ers tro ac mae'n debyg mai dim ond fesul tipyn y ca'i eu gweld nhw. Sy'n gwneud synnwyr, yndi, ond dwi'n teimlo'r un mor rhwystredig â fy nghyndidisgyblion! A dweud y gwir, dwi mor falch eu bod nhw wedi cynhyrfu gymaint ynglŷn â 'ngweld i eto, ar ôl yr holl amser, nes i ddechrau crio eto.

Mae 'na un yn arbennig o flin meddai Victor, mor flin, mae o wedi cofnodi y boi fel 'Mr Vexed' ar ei ffôn. 'Why do you keep her away from us?!' fydd o'n weiddi i lawr y ffôn, 'She was our teacher! We are not going to eat her!' A dwi jest a marw isio gwybod pwy ydi o wrth gwrs. Un o'r brodyr Yahaya ddysges i i ddweud 'Sumai wa?' Umar oedd yn helpu gymaint arna i o gwmpas y tŷ? Godfrey D. Ebiama? Yr un fyswn i'n ddisgwyl i fod â digon o gyth ynddo fo i weiddi fel'na ydi Mohammed Zhitsu, ond wela'i mohono fo byth eto na wnaf.

Mae Mei wedi fy sicrhau y bydd pethau'n 'dechra digwydd' fory. Felly dwi'n cymryd mod i'n mynd i weld o leia un ohonyn nhw yn rhywle, rhywsut.

Mi fu Victor yn fy holi am athrawon yr ysgol hefyd. Mi roddodd rip o enwau i mi ond do'n i'm yn nabod un ohonyn nhw. Gboya Ndabida dwi isio'i weld, y boi roedd gen i gymaint o grysh arno fo, a'i ffrind o, Ladan. Efo'r ddau yna ro'n i'n siarad fwya. Ro'n i'n gwneud lot efo'r athrawon Ghanaidd hefyd ond mi gafodd rheiny eu hel allan o Nigeria yn y 90au mae'n debyg.

Mae pawb arall yn cael negeseuon tecst o adre dragwyddol, a finne'n cael dim. Ond mi ges i lwyth gan y criw genod sydd allan yn dathlu penblwydd Caren Bach yn 40 heno. Neges wahanol gan bob un – a phob un yn dweud yn union yr un fath! Nytars.

Dwi'n darllen cyfrol o straeon byrion gan awdures Nigeriaidd ar hyn o bryd: *The Thing Around your Neck* gan Chimamanda Ngozi Adichie. Hi sgwennodd *Half of a Yellow Sun*, nofel wych am gyfnod rhyfel Biafra, ac mae'r straeon yma'n fendigedig hefyd. Mae darllen llyfr am Nigeria tra'n teithio drwy Nigeria yn brofiad arbennig iawn. Mae o'n gwneud i'r cwbl ddod hyd yn oed yn fwy byw rhywsut.

Methu dod o hyd i'r fodrwy ar ôl i mi ei thynnu hi. O wel. Dim ond £5 oedd hi.

Dydd Sadwrn, 3ydd Hydref

Dim Star heno. Rydan ni yn Niger State wedi'r cwbl felly does 'na'm alcohol yma. Cokes a Fantas amdani. Er fod Dyfrig yn athro Ysgol Sul, mae'r creadur yn breuddwydio am gael gwydraid oer, oer o lager.

Diwrnod digon difyr heddiw. Bara a Blue Band (marjarîn sydd byth yn mynd 'off') i frecwast – ac omlet hefyd yn y diwedd. Eto.

Wedi i Steve (a'r tri plismon lleol hyfryd, annwyl) ffaffian efo'r ceir a gweithio allan pwy oedd yn mynd ym mha un – a gwyllltio Victor a Dyfrig yn rhacs yn y broses, i ffwrdd â ni i Minna Central Market, rhywle ro'n i'n gyfarwydd iawn ag o ers talwm. Dydi o'm wedi newid llawer. Mae'n dal yn fywiog a lliwgar, yn byrlymu efo pobol a phawb yn hynod glên. Yr unig beth gwahanol sylwais i arno oedd yr afalau – doedd 'na'm afalau yma yn yr 80au! Mi fyddwn i'n breuddwydio am fedru claddu 'nannedd i mewn i afal Granny Smith siarp, oer, ac roedd blasu un eto ar ôl mynd adre yn bleser pur.

Roedden ni i gyd, 4 Cymro, 1 Sais, Victor a 3 plismon yn creu chydig o draffig wrth geisio gwau ein ffordd drwy'r stondinau, a dwi'n gwybod bod Steve yn cael cathod am ein bod ni'n tynnu cymaint o sylw. Ond doedd 'na'm teimlad bygythiol o fath yn y byd yno. Mi brynais i *wrapper* (darn o ddefnydd sy'n cael ei lapio am y canol i wneud sgert hir) am £6, chydig o fananas (sy'n slwtsh bellach wedi i mi anghofio amdanyn nhw yn y car) ac yna, mwya sydyn, mi ddaeth Victor ata i a thynnu fy sylw – a dyna pryd welais i slaff o ddyn tal, main yn gwenu arna i. Musa A Baba! Onibai am y DVD, fyswn i byth wedi ei nabod o, ond dwi'n dechre meddwl 'mod i wedi drysu'n rhacs 25 mlynedd yn ôl ac mai boi cwbl wahanol oedd y Musa A Baba sgwennais i amdano fo yn y dyddiadur ar y pryd. Roedd y boi helpodd fi pan oedd rhai o'r athrawon wedi meddwi ac yn bod yn boen yn fy mharti ffarwel, dipyn lletach hogyn. Be oedd enw hwnnw ta? Baba A. Musa, synnwn i damed.

Ta waeth, dwi'n cofio hwn hefyd, diolch byth. Roedd hi'n amhosib cael sgwrs gall yng nghanol pawb yn y farchnad felly i ffwrdd a ni i gael cinio bach yn rhywle. Roedd Musa isio dangos Mr Biggs i ni, fersiwn Nigeria o McDonalds. Felly draw a ni, lle ges i *pepe chicken* sydyn a rhad iawn. Ro'n i newydd orffen hwnnw tra'n cael hanes bywyd a theulu Musa (mae'n nyrs, yn dal yn y coleg, yn briod ac yn dad i dri phlentyn ac un arall ar y ffordd), pan gerddodd rhyw foi arall i mewn, cyfarch Musa ac yna sbïo arna i fel tase fo wedi cael coblyn o fraw. Mi syllais innau arno yntau, a meddwl 'Dwi'n nabod y wyneb yna ...' Do'n i ddim yn cofio ei enw o, ond ro'n i'n nabod y wyneb yn iawn. 'I know you!' medda fi. Ali Mohammed oedd o erbyn dallt, hogyn oedd yn eistedd drws nesa i Musa yn y dosbarth. Ro'n i'n cofio ei fod o'n hogyn clyfar – byddai'r Ghaniaid wastad yn ei ganmol am ei allu i wneud syms – ond doedd o'm yn un o'r goreuon yn fy nosbarth i. Mae hynna'n digwydd yn aml tydi? Y rhan o'r ymennydd sy'n deall mathemateg yn tynnu oddi ar y darn sy'n delio efo ieithoedd (dyna fy esgus i o leia).

Beth bynnag, digwydd galw i mewn i Mr Biggs am ginio sydyn oedd o medda fo. Er ei fod o'n byw a gweithio yn Bida, mi fydd yn cael cyfarfodydd ym Minna yn aml. Erbyn dallt, fo ydi Mr Vexed! Y boi sydd wedi bod yn ffonio Victor yn rheolaidd i 'roi hel iddo fo'! Ond mi eglurodd Musa i mi yn nes ymlaen nad damweiniol oedd y ffaith iddo ddigwydd cerdded i mewn i Mr Biggs tra ro'n i yno ... roedd o wedi gofyn i Musa yrru tecst ato i ddweud pryd fydden ni yno! Dwi'm yn meddwl wna'i gyfadde hynna i Victor am sbel, achos roedd y cyfarfyddiad yna wedi drysu ei gynlluniau o'n rhacs – ac roedd Mei ar ganol bwyta ei ginio pan ddigwyddodd y peth a gorfod cythru am y camera unwaith i mi ddechre chwerthin a chofleidio y boi 'ma.

Ond yn dawel bach, dwi'n eitha balch o Ali am wneud hynna ... dwi'n licio pobol sy'n torri'r rheolau. That's my boy! Ac mae'n amlwg ei fod o wedi gwneud yn dda iawn drosto'i hun – chwip o gar ganddo fo! Ro'n i isio gwybod mwy o'i hanes o ond mi fydda i'n ei weld o eto mae'n debyg; rydan ni wedi cael gwahoddiad i'w dŷ o yn Bida. Methu aros!

I dŷ Musa wedyn, tŷ eitha tlawd ar gyrion Minna. Roedd y lle fel pin mewn papur ond yn rhy dywyll i ni ffilmio tu mewn. Roedd gen i fag bach o anrhegion bychain ro'n i wedi ddod efo fi 'rhag ofn' y byswn i'n cyfarfod rhywun heddiw, ond taswn i'n gwybod mod i'n mynd i ddod i weld teulu boi sy'n brwydro i fedru cynnal teulu a dal ati i astudio, mi fyswn i wedi rhoi rhai o ddillad Meg a Robin yn y bag. Dyna'r broblem efo'r sypreisus ma, drapia! Ond dwi'n meddwl bod y plant yn gwerthfawrogi'r peth chwythu swigod, y beiros a'r llyfrau. Roedden nhw wrth eu boddau yn sbïo ar y llyfryn bach o luniau dwi wedi ddod efo fi hefyd; roedd Umar, yr ieuenga wedi gwirioni efo llun Robin ac yn ei swsian drwy'r plastig! Rois i gopi o *Dyddiadur Gbara* i Musa am fod ei enw o ynddo fo, ac roedd gen i gopïau o'i lythyrau o iddo fo hefyd – llythyrau sgwennodd o nôl yn 1986. Roedd o wrth ei fodd.

Nôl a ni i'r gwesty wedyn. Mi arhosodd Mei a Cheryl yno i gael molchi ac ymlacio (a logio'r tapiau) ond roedd Dyfrig a finne jest a drysu isio mynd yn ôl i'r farchnad heb gamera i ni gael profi'r lle go iawn. Ond doedden ni'm yn cael mynd ar ein pennau ein hunain; roedd yn rhaid i Steve a dau blismon ddod efo ni. Rheolau iechyd a diogelwch ... Phil ydi enw'r plismon sy'n gwisgo siwt (sy'n rhy fawr iddo fo) ac mae o'n hynod glên. Mi ddywedodd na chawn ni byth stwff Nigeriaidd ym Minna, dim ond stwff plastig rhad o Cheina a Taiwan. Dim ond yn Bida mae modd prynu unrhyw bethau sy'n cael eu gwneud yn lleol. Ond mi ges i ddau bot bach pridd am 20c yn y diwedd. Nid y pethau delia yn y byd – ond maen nhw'n Nigeriaidd, a dyna sy'n bwysig i mi!

Roedd Dyfrig yn methu credu pa mor glên a chroesawgar ydi pawb, a dwi'n dechrau amau eu bod nhw hyd yn oed yn fwy clên rŵan nag oedden nhw chwarter canrif yn ôl. Roedd 'na rai yn sbïo'n od ar *Oyibos* (y gair Hausa am bobol wyn) bryd hynny, ond rŵan, mae pawb, wir rŵan – pawb – yn gwenu fel giatau arnon ni drwy'r adeg ac yn dod i ddweud helo a gweiddi 'Welcome, you are welcome!' yn syth. Mae 'na lot mwy o bobol yn gallu siarad Saesneg rŵan hefyd, yn cynnwys merched, sy'n handi, achos Hausa ydi'r iaith fan hyn. Mi ges i gwrs pythefnos o'r iaith Hausa pan gyrhaeddais i'r wlad gynta, nes mynd i Bida a Gbara a sylweddoli mai iaith cwbl wahanol o'r enw Nupe sy'n cael ei defnyddio yn fan'no. Dwi'n cofio chydig o Nupe ond y cwbl dwi'n ei gofio o fy Hausa ydi '*Sannu*' sef 'Helo,' neu, yn llythrennol 'Da iawn chi' neu 'Well done' a dyna maen nhw'n ei ddweud yn aml yn Saesneg wrth eich cyfarch chi: 'Well done, well done!' – hyd yn oed os nad ydech chi wedi gwneud unrhyw beth!

Nôl i'r gwesty, ac ro'n i newydd gael cawod bwced pan gnociodd Mei ar fy nrws i a gweiddi 'Ty'd i'n stafell i! RŴAN!' Ro'n i'n gallu clywed gweiddi tu allan a rhywun yn trio malu'r drws tân ar ddiwedd y cyntedd, felly, i gyfeiliant traed Steve yn carlamu i lawr y cyntedd am y fynedfa, mi wnes i gydio yn fy mag (yr un sy'n cynnwys pres, pasport, tabledi malaria ayyb) a mynd yn ufudd i stafell Mei, lle roedd Cheryl hefyd. Doedd yr un ohonon ni'n dwy yn gallu cymryd y peth o ddifri, ac yn hanner giglan, hanner jocian tra roedd Mei ar y ffôn. Siarad efo Dyfrig oedd o erbyn deall, ac roedd hwnnw tu allan yn dweud bod ein car ni ar dân! O ... reit, mi roddodd Cheryl a finna y gorau i wenu a dechrau dychmygu bod 'na griw o fois drwg o Lagos wedi ymosod ar ein gyrwyr ni ac yn trio torri mewn i'r gwesty i'n herwgipio ni. Ond na, o wrando mwy ar y sgwrs, olew oedd wedi gollwng o'r car rhywsut a mynd ar dân pan daniodd Ola, y gyrrwr, yr injan. Aethon ni i gyd allan i weld Ola druan mewn dagrau. Roedd Saheed, y gyrrwr arall, wedi ypsetio'n rhacs hefyd. Mi fu'r ddau yn ddagreuol drwy'r nos, bechod; y sioc o sylweddoli y gallai'r car fod wedi chwythu'n yfflon a nhw eu dau ynddo fo am wn i. Wedi sbïo ar y car, roedd yr injan wedi llosgi'n rhacs, ac wedi toddi i gyd.

Reis a ffa a chyw iâr i swper heno – neis iawn hefyd. Stumogau pawb yn berffaith iach hyd yma. Gawn ni weld sut eith hi yn Gbara a Bida ...

O ia, roedden ni i fod i fynd i dŷ bwyta *Lebanese* yn y dre heno, ond mi roddodd Steve stop ar hynny ar ôl gweld lle oedd o, faint o ddrysau oedd 'na ac ati. Dim angen tynnu sylw aton' ein hunain, meddai.

4.20 y bore

Ges i 'neffro rŵan gan sŵn gwydr yn torri yn agos iawn, iawn at fy nghlustiau i ... yna sŵn gweiddi y tu allan i'r ffenest – traed yn rhedeg a mwy o weiddi o bell. Mi wnes i fentro sbecian drwy grac bach yn fy nghyrtens a gweld boi diogelwch yn sefyll efo pastwn y tu allan i'r ffenest drws nesa i mi. Mae'n debyg bod 'na rywun wedi taflu carreg at y ffenest honno a rhedeg i ffwrdd wedyn. Mi fu 'na weiddi a chwibanu a rhedeg a chwalu gwydr am hir ond dwi'n meddwl eu bod nhw wedi dal y boi a chlirio'r llanast bellach. Siŵr bod Steve wrth ei fodd efo'r holl gynnwrf! Ond tase'r boi wedi taflu'r garreg 'na drwy fy ffenest i, beryg na fyddwn i cweit mor 'ffwrdd â hi' am hyn. Ai mynd amdanon ni, un o'r bobol wyn 'ariannog' oedd o, neu jest trio ei lwc? Ga'i wybod ar ôl codi, mae'n siŵr

– os lwydda'i i fynd yn ôl i gysgu yng nghanol y gweiddi 'ma.

Wrth adael y gwesty'n nes ymlaen, roedd 'na ddau foi ifanc yn cael eu gwarchod yn y fynedfa, a golwg drist iawn arnyn nhw. Nhw oedd wedi taflu'r garreg a chael eu dal. Roedd Steve yn eitha siŵr mai trio eu lwc oedden nhw, ar ôl clywed bod criw o bobl wyn, ariannog (sef ni) yn aros yno; efallai mai y ddau anlwcus oedden nhw, gafodd eu gyrru gan griw mwy i weld be fyddai'n digwydd. Nes i drio holi be fyddai'n digwydd i'r ddau foi yma rŵan ond ches i'm synnwyr gan neb. Hm.

Rydan ni yn Bida! Ieee! Ac mewn gwesty gwirioneddol neis: y Rahmat Court Guest Inn. Nid dyma'r unig 'guest inn' yn Bida chwaith. Ond doedd 'na'm ffasiwn beth yma yn yr 80au. Yr unig ddewis bryd hynny oedd puteindai. Dyna pam y bydden ni wastad yn aros efo'r lleianod, Sisters Mary a Cleophas. Mae'n debyg nad oedd dim byd tebyg yma yn 2008 chwaith, pan gyhoeddwyd tywyslyfr Bradt i Nigeria: *'The limited accommodation in Bida is truly awful – move on.'* Maen nhw hefyd yn honni mai'r unig reswm i ddod yma ydi *'... perhaps to change vehicles in the motor park or fill up with fuel on the way through.'* Hy! Gawn ni weld ...

Mae 'na hyd yn oed gawod go iawn yn y gwesty yma! Un alla'i sefyll oddi tani hi heb ddefnyddio bwced. Waw. Erbyn dallt, yn fy llofft i mae'r unig gawod sy'n gweithio, a dŵr oer sy'n dod drwy'r beipen wrth gwrs, ond mae hynny'n hyfryd – mae hi'n llawer iawn poethach fan hyn nag oedd hi ym Minna. O ia, rhywbeth eitha digri sy'n digwydd ym mhob gwesty hyd yma ydi bod pawb sy'n aros yma yn cael rholyn o bapur tŷ bach a sebon bychan wedi'i stwffio i'r twll yn y canol. A does 'na neb yn rhoi rholyn newydd yn y stafell molchi os ydach chi wedi gorffen yr un cynta; mae'n rhaid mynd at y ddesg i ofyn am un, a dach chi'n cael sebon arall yn awtomatig.

Roedd y daith yma'n un hawdd iawn er ein bod ni mewn bws mini heb Air Con a fawr ddim lle i'r coesau. Mae'r ffordd wedi gwella'n aruthrol. Ffilmio tipyn ar y ffordd a Mei yn fy holi 'Ond sut wyt ti'n TEIMLO?' dragwyddol. Isio i mi fod wedi cynhyrfu oedd o wrth reswm, ond ro'n i'n teimlo'n gwbl *'chilled'* a bodlon fy myd, oedd yn amlwg yn mynd ar ei nerfau o. Tyff! Nid actores mohonof, Mei! Beryg bod Nigeria'n cael effaith arna i'n barod – roedd fy nisgyblion i'n llawer rhy *'chilled'* 99% o'r amser!

Tair cilomedr y tu allan i'r dre, dyma stopio'r bws i Mei gael ffilmio'r arwydd 'Bida 3 km'. Pawb yn dringo allan, finnau'n aros fy nhro a gwylio Cheryl yn bagio ei ffordd allan efo'i bag mawr sain am ei hysgwydd – ac yn sydyn, doedd hi'm yna. Roedd hi wedi syrthio i lawr i'r gwter ddofn ar ochr y ffordd! Roedd hi ar wastad ei chefn yn y twll cul 'ma, yn sbïo i fyny arnan ni, a'i *boom* yn dal yn ei llaw. Gwter oedd yn ei ffitio hi'n berffaith, fel tase hi mewn arch. Wel, roedd o'r peth doniola ro'n i wedi ei weld ers talwm felly piffian chwerthin oedd fy ymateb cynta i. Mae gen i gywilydd dweud hynna, ond un fel'na ydw i mae arna i ofn. Wrth gwrs, roedd y dynion i gyd wedi neidio i drio'i helpu hi a ffysian drosti, ond chwerthin oedd Cheryl hefyd – diolch byth! Ac ar wahân i chydig o sgriffiadau ar ei breichiau, roedd hi'n berffaith iawn. Dwi'n licio Cheryl! Dyna'r math o hogan dwi'n mwynhau teithio efo hi – un sydd byth yn cwyno, byth yn gwneud ffys – ac yn chwerthin am yr un rhesymau â fi!

Er mawr ryddhad i Mei, ro'n i'n dechrau cynhyrfu wrth yrru drwy'r dre ei hun. Do'n i'n nabod fawr o nunlle i ddechre; mae'r lle wedi tyfu gymaint a llwyth o adeiladau newydd sbon ar hyd y brif ffordd. Bu'n rhaid i Victor ddangos y Cool Spot i mi, y dafarn lle fydden ni y VSOs yn cyfarfod dan goeden mango bron bob penwythnos. Ond mae 'na goed eraill yno bellach, a chan fod diod feddwol yn anghyfreithlon yma, lle gwerthu moto beics ydi'r dafarn rŵan. Ges i fynd mewn i'r cefn am fod y perchnogion presennol isio dangos lle roedd yr oergell yn arfer bod.

Roedd 'na ferched yn gwerthu yams ac yn coginio india corn dan yr hen goeden (dwi wir ddim yn cofio gweld india corn yn Bida pan ro'n i yma) ac roedd 'na loris olew anferthol yn gwibio heibio a chodi'r llwch rhyfedda. Mae Bida ar y brif ffordd rhwng Lagos ac Abuja, felly mae'r traffig yn uffernol. Mi fyddai ceir yn bethau prin iawn yma ers talwm – ar wahân i'r tacsis gwyn a melyn – ond does 'na ddim o'r rheiny bellach. Dwi wedi gweld ambell un yn rhydu heb deiars ar ochr y ffordd, dyna i gyd. Wedi holi Saheed, mae'n debyg bod 'na gyfraith yn eu herbyn nhw ers tro. Sut mae pobol yn gallu teithio o le i le ta, gofynnais. 'Ar gefn moto beics.' Dwi'm yn dallt, ond dyna ni. Ymgais i leihau traffig efallai? Ond mae'r moto beics yn bla yma rŵan! A'r loris olew!

Tra roedd y lleill yn ffilmio'r loris, mi wnes i eistedd wrth y bwrdd dan y goeden mango, ac yn sydyn, mi lifodd yr atgofion drosta i fel ton. Rhannu Stars a chnau mwnci efo Don a Maeve, trafod llyfrau efo Frankie Meehan, trafod ein llythyrau efo Katie, rhannu straeon am stad ein stumogau efo John Mabbs a Tony a Dietmar, giglan am bethau hurt efo Ciska a Doreen. Mi fydden ni i gyd yn eistedd fan hyn am oriau, yn chwerthin a mwydro a thrafod ystyr bywyd. Fan hyn ges i fy *chicken pepe soup* cynta a methu siarad am ugain munud am ei fod o mor boeth. Fan hyn oedd y tŷ bach mwya erchyll yn y byd; roedd angen cwpwl o Stars i gael y gyts i fynd mewn iddo fo. Fan hyn ges i wybod bod Don a Maeve wedi priodi a'u bod nhw wedi meddwl fy nghael i fel un o'r tystion – taswn i'm wedi diflannu i Lagos cyn iddyn nhw gael gafael arna i! Fan hyn fues i'n chwerthin a chrio.

A myn diawl, cyn i mi ddallt be oedd wedi digwydd, roedd yr atgofion wedi gwneud rhywbeth rhyfedd i mi – roedd y dagrau'n llifo. Doedd y lleill yn methu gweld hynny am fod 'na gymaint o lwch rhyngddyn nhw a fi yr ochr arall i'r ffordd. Crio neis oedd o, ond crio wnaeth fy nychryn i braidd. Be sy'n digwydd i mi? Ro'n i wedi llwyddo i ddod ataf fy hun cyn iddyn nhw groesi'r ffordd tuag ata i, diolch byth.

Roedd mynd i'r Swyddfa Bost yn sioc. Mae'r lle bron a disgyn yn ddarnau, y llythrennau 'Post Office' bron a disgyn i ffwrdd o'r to – hynny sydd ar ôl ohono fo. Ond mae'n debyg nad oes fawr neb yn sgwennu llythyrau bellach. Mae bron pawb yn berchen ar ffôn symudol yma tydi? Roedd 'na 40 miliwn ohonyn nhw yma yn 2007, felly mae'n siŵr bod angen ychwanegu sawl miliwn at hynna ar gyfer 2009.

Mae'r caffis seibr yn edrych reit llewyrchus hefyd. Dwi'n gweld hynna fel trychineb, fy hun. Hogan llythyrau ydw i, wastad wedi bod. Ac roedd llythyrau fel aur i mi pan ro'n i'n byw yma. Mi fyddwn i'n sgwennu rhai hirfaith (7-8 tudalen ar gyfartaledd) ac yn disgwyl am wythnosau i gael llythyrau yn ôl. Mi fyddai derbyn pentwr (efo fy enw i arnyn nhw) gan y boi y tu ôl i'r cownter yn gwneud i mi neidio i fyny ac i lawr a gwenu fel giât. Am fisoedd lawer, Katie fyddai wastad yn cael y pentwr mwya, a dim ond rhyw ddau neu dri i mi. Dyna'r gwahaniaeth rhwng myfyrwyr Caergrawnt ac Aberystwyth, beryg ...

Mi gawson ni i gyd dipyn o sioc o weld boi yn gwisgo crys polo efo 'The White Lion, Llantwit Major' arno fo. Dyn o lwyth yr Igbo oedd o, wedi prynu'r crys mewn marchnad i lawr yn y de yn rhywle. Ai dyna be sy'n digwydd i'r dillad rydan ni'n eu rhoi i Oxfam neu'r banc dillad?

O ia, gorfod chwerthin wrth ddarllen rhai o'r hysbysebion mawr pren sydd ar ochr y ffordd. Roedd 'na fferyllydd yn gwerthu pob dim dan haul, yn cynnwys ffisig ar gyfer *'virginal discharge.'*

Wedi dod o hyd i'r fodrwy yn fy mag molchi, ond mae 'mysedd i wedi chwyddo yn y gwres ac mae hi'n brifo os dwi'n ei gwisgo hi. Gaiff hi aros yn y bag. Does 'na neb wedi fy mwydro am fy niffyg gŵr hyd yma.

Dydd Llun, 5ed Hydref

Diwrnod llawn iawn, iawn. I'r eglwys Gatholig gynta, a chyfarfod y Tad newydd, sydd ddim ond yn y swydd ers ddoe! Thadeus Umurdu ydi'i enw o, boi tal, urddasol a hynod annwyl. A nefi, roedd o'n nabod Father Con, y Tad oedd yma yn yr 80au! Ac yn fwy na hynny, roedd ganddo ei rif ffôn yn Iwerddon! Mi ddechreuodd ei ffonio'n syth, ond y peiriant ateb gawson ni. Roedd hi'n hyfryd clywed llais dwfn, Gwyddelig Father Con eto, a dydi o'n swnio ddim gwahanol. Roedd o'n edrych yn debyg iawn i Dave Allen ers talwm ac yn swnio'r un fath hefyd, yr un hiwmor a phob dim.

Aethon ni'n dau i mewn i'r eglwys wedyn, rhywle fues i ynddi unwaith yn unig. Gwrando ar un o wasanaethau Father Con wnes i bryd hynny – sesiwn oedd yn para o leia dwyawr os cofia i'n iawn, er mai byr iawn oedd pregeth Father Con, ond roedd 'na lot o ganu a dawnsio a drymio. Roedd o'n hollol wahanol i'r gwasanaethau Methodistaidd ro'n i wedi arfer efo nhw, wrth reswm, ac yn dipyn o agoriad llygad. Tra roedd Mei yn ein ffilmio ni'n cerdded o gwmpas, roedd y Tad Thadeus a fi jest yn sgwrsio'n hamddenol. Dwi'm yn cofio rŵan be'n union oedden ni'n ei ddweud, ond mwya sydyn, mi ddechreuodd fy llygaid i lenwi efo dagrau eto.

'Oh dear, I have no idea why I'm crying,' medda fi wrth y Tad, gan chwerthin yr un pryd am fod y peth mor hurt. Mi sylwodd Mei ar hyn yn syth yndo felly allan â ni i'r golau. Roedd o isio gwybod (ar gamera) be oedd wedi digwydd i wneud i mi grio fel'na. Felly, tra'n eistedd ar fainc dan gysgod coeden, mi ges fy holi'n dwll ganddo fo eto – nes ro'n i isio rhoi slap iddo fo! Dwi'n gwybod mai dim ond isio gwneud rhaglen mae o, ac mi fyswn i'n gwneud yr un peth yn union yn ei sefyllfa o, ond fi sy'n mynd drwy'r mangl emosiynol 'ma a dwi'm yn licio fo!

Mi ofynnodd be oedd Father Con a'r lleianod Sister Mary a Cleophas yn ei olygu i mi. Wel, hafan. Atyn nhw fyddwn i'n mynd am gysur a hwyl a chodi 'nghalon, nid mod i wedi sylweddoli hynny ar y pryd. Rŵan, 25 mlynedd yn ddiweddarach wnaeth y geiniog ddisgyn. Ac wrth gwrs, ro'n i'n crio fel babi wrth sylweddoli a chofio. Mi fues i'n sâl iawn tra'n teithio'n ôl o gynhadledd VSO yn y gogledd un tro. Ro'n i'n welw, yn crynu, yn boeth ac oer am yn ail ac yn mwydro. Ro'n i wedi cael aros efo rhyw *ex-pats* yn Kaduna pan sylweddolon nhw pa mor sâl o'n i, ond ro'n i wedi mynnu trio cyrraedd adre. Roedd 'na fws neu dacsi wedi mynd â fi at ryw groesffordd yn rhywle ac ro'n i'n eistedd dan goeden yn aros am fws neu dacsi arall pan deimlais i mod i'n mynd i lewygu. Doedd 'na neb arall yno, a dwi'n cofio pwyso fy nghefn yn wantan yn erbyn y goeden ma a meddwl 'Dwi'n mynd i farw fan hyn a fydd neb yn gwybod be ddigwyddodd i mi ...' Ond mi ddaeth 'na gar heibio efo Nigeriad mewn coler wen wrth y llyw. Mi stopiodd a dod ata i a gofyn i ble ro'n i'n mynd. Wrth lwc, roedd o'n mynd i Bida ac yn nabod y chwiorydd yn iawn. Aeth o a fi i'w tŷ nhw, lle wnes i lewygu go iawn ar lawr y gegin. Mi fues i yno am rai dyddiau, yn chwysu a mwydro, a'r ddwy yn gofalu amdana i drwy'r adeg. Mi ddaeth 'na ddoctor i 'ngweld i ond dwi'm yn cofio llawer am y peth. Dwi'm yn meddwl mai malaria oedd o, ond roedd y symptomau'n debyg iawn.

Aethon ni i hen dŷ'r chwiorydd wedyn, a dydi hwnnw ddim wedi newid chwaith. Mae'r un dodrefn yn dal yno, hyd yn oed! Pum nyrs Nigeriaidd sy'n byw yno rŵan, ond roedden nhw i gyd allan yn gweithio, felly mi wnaeth y forwyn fach 'ma adael i ni fynd mewn i sbïo ar y lle. Roedd sefyll yno eto yn brofiad rhyfedd, cofio lle wnes i lewygu, sbïo ar y bwrdd lle fues i'n chwarae Bridge ac yfed whisgi efo nhw ambell gyda'r nos ...

Ro'n i'n teimlo'n fregus iawn wedyn, felly pan aeth Isah â ni i weld Gogo ym mhen arall y dre, ro'n i'n gwybod yn iawn y byddai'n amhosib i mi beidio â chrio eto. Yr eiliad welais i hi, nes i chwalu. Pam dwi'n ymateb fel hyn? Dwi'm yn siŵr. Am mod i wedi meddwl na fyddwn i byth yn gweld y bobol 'ma eto? Nes i'm crio efo Musa nag Ali, ond efo Gogo, ro'n i fel het. Ond dwi'n ei chofio hi'n well o lawer na nhw, mae gen i lwyth o luniau ohoni a dwi'n cofio'r diwrnod cynta i mi ei gweld hi am ei bod hi'n gwenu a chwerthin cymaint. Roedd hi wastad yn gwenu a chwerthin; roedd hi'n gwenu a chwerthin yn union yr un fath heddiw – drwy ei dagrau, achos roedd hithe'n crio pan welodd hi fi hefyd! Ond dyna fo, merched ydan ni ynde.

Roedd hi mor neis ei gweld hi eto, ac er ei bod hi wedi heneiddio, dydi hi'm wedi newid. Mae hi'n briod rŵan, efo athro ysgol gynradd, sy'n gweithio yn Gbara o bob man! Ond fel nifer o athrawon eraill Gbara, byw yn Bida maen nhw a theithio i'r ysgol bob dydd. Mae ganddi chwech o blant ond roedd pedwar ohonyn nhw yn yr ysgol heddiw felly welais i mo'r rheiny – ond mi ges i lun ohonyn nhw ganddi – plant hynod dlws. Mi rois i rai o ddillad Meg a Robin iddi a thipyn o deganau. Roedd yr hogyn bach wedi gwirioni efo trên bach *clockwork* Robin! A chyn i ni adael, mi gyrhaeddodd mab arall tua saith neu wyth oed ac roedd o wedi mopio'n lân efo tylwythen deg fach blastig!

Ges i fy nhywys o gwmpas y tŷ, sy'n un tlawd, ond dipyn gwell na'r dewis yn Gbara mae'n siŵr. Roedd pawb yn cysgu'n yr un llofft, ond roedd ganddi wely dwbl go iawn, a dwi'n eitha siŵr mai cysgu ar y llawr fyddai ei theulu hi 25 mlynedd yn ôl. Roedd hi'n cydfyw mewn *compound*, sef math o bentre bychan oddi mewn pentre, neu gasgliad o dai i gyd o fewn yr un waliau allanol, efo teulu estynedig ei gŵr. Tân agored y tu allan oedd y 'gegin', ac roedd 'na sosban fawr yn ffrwtian arno fo. Nid eu cinio, ond ffisig o ryw fath. Pan gododd hi'r caead i ddangos, roedd o'n llawn dail a gwreiddiau a'r arogl hyfryd 'ma'n dod ohono fo. Ffisig iddi hi oedd o, wnaeth hi'm dweud be oedd yn bod arni a do'n i'm yn licio gofyn, ac os nes i ddeall yn iawn, roedd hi'n mynd i olchi ei chorff efo'r stwff yn nes ymlaen. 'Ffisig Nupe' oedd o, meddai; mae'n debyg bod pawb Nupe yn gwybod sut i drin dail ac ati ar gyfer gwahanol anhwylderau. Mi fyswn i wedi licio cael gwybod mwy am hynna, ond pan ti'n gwneud rhaglen deledu, does 'na'm amser i fynd ar ôl sgwarnogod felly. O wel. Tro nesa ...?

Roedd ei Saesneg hi'n rhyfeddol o feddwl na chafodd hi addysg gwerth sôn amdano wedi i mi adael Gbara. Mae'n debyg bod yr ysgol wedi cau'n fuan wedi i mi adael, a dim ond wedi ail-agor eto yn weddol ddiweddar. Ond chafodd hi'm mynd i ysgol arall, er ei bod hi'n hogan alluog.

Mi wnes i fentro gofyn iddi am y busnes mwy nag un gwraig. Hi ydi unig wraig ei gŵr ar hyn o bryd, ac mi gyfaddefodd mai felly mae hi hapusaf – dydi hi ddim isio iddo fo gael gwraig arall! Mae synnwyr cyffredin yn dweud bod pob dynes yn teimlo felly, ond anaml fydd ganddyn nhw'r gyts i ddweud hynny – yn enwedig o flaen dynion Moslemaidd, ac roedd 'na ddigon o ddynion yn ein dilyn o gwmpas y lle pnawn 'ma.

Mi wnes i ofyn iddi dynnu ei *hijab* (penwisg) hefyd. Doedd neb yn eu gwisgo nhw yma ers talwm, dim ond ers i gyfraith Sharia ddod i Niger State mae'r merched Moslemaidd yn eu gwisgo. Ro'n i'n parchu ei daliadau crefyddol hi, ond ro'n i isio gweld ei hwyneb hi'n iawn. Ro'n i hefyd yn falch o weld ei bod yn gwisgo'i phenwisg Nupe draddodiadol, sydd mor ofnadwy o drawiadol bob amser, oddi tano. Maen nhw wastad â phenwisg yr un defnydd â'u ffrogiau, un hynod liwgar, ac mae'n dangos eu cymeriad a'u prydferthwch nhw i'r dim. Roedd hi'n berffaith hapus i'w dynnu. Roedd hi yn ei chartre ei hun wedi'r cwbl, ond pan aethon ni'n ôl allan i'r stryd i ffarwelio, mi roddodd o'n ôl 'mlaen. Ac wrth ddweud ta ta, mi wnes i feichio crio eto. *Get a grip*, hogan!

Aethon ni'n ôl i'r gwesty wedyn, i mi gael dod ataf fy hun ac i bawb gael bwced oer drostyn nhw. Nefi, roedd hi'n boeth heddiw, o gwmpas 40°C ddwedwn i.

Mae merched y gegin wrth eu bodd yn paratoi bwyd i ni ac yn holi amser brecwast be fyddwn ni isio i ginio a swper. *Mixed noodles* oedd hi i ginio heddiw, ac roedd o'n flasus iawn hefyd.

I'r farchnad wedyn, y farchnad orau yn y byd yn fy marn i. Wel, ers talwm, pan oedd hi'n agored a phawb yn eistedd ar lawr neu ar stolion bychain efo'u nwyddau. Mae pob dim dan do rŵan, mewn stondinau bychain tywyll mewn strydoedd hurt o gul. Prysur?! Roedd hi'n rhemp yna! Yn enwedig gan fod pawb isio ein dilyn ni a dweud helo wrth y camera mwya welson nhw erioed. A chan ei bod hi mor anhygoel o boeth, roedden ni i gyd yn chwys boetsh o fewn dim. Dwi'm yn gwybod sut mae Mei a Cheryl yn gallu dal i fynd efo'r holl bwysau maen nhw'n gorfod eu cario.

Roedd hi bron yn amhosib i Mei ffilmio'n gall yno gan fod na'm lle i droi. Ond ro'n i'n mwynhau pob eiliad. Mae hi mor amlwg nad ydyn nhw'n gweld pobol wyn y dyddiau yma, ac mor falch o'n gweld ni. Roedd 'na 'Welcome!' o bob cyfeiriad, a 'How are you!' (gyda phwyslais ar yr 'you') a phawb wrth eu boddau pan fyddwn i'n siarad Nupe. Dwi wedi dysgu (wel, ail-ddysgu) chydig mwy rŵan: 'Sei wswn' (swnio fel 'see you soon') ydi 'wela'i di fory' a 'Sei Laji' ydi 'Nos da.' Tra roedd Mei yn trio ffilmio'r gwahanol nwyddau a wynebau, mi fues i'n tynnu lluniau efo fy nghamera bach i a dwi wedi cael rhai da hefyd. Dwi wrth fy modd efo wynebau'r hen bobol, maen nhw i gyd mor hardd ac urddasol.

Aeth y lleill at y fan i yfed galwyni o ddŵr wedyn, ond aeth Dyfrig a finna (a Steve a phlismon hefyd wrth gwrs) at y goeden lle roedd mynedfa'r farchnad yn arfer bod. Ro'n i isio gweld be oedd yno bellach – a haleliwia – fan'no oedd y bobol brydfertha yn y byd – y Fulanis. Pobol Nomadig ydi'r rhain, sydd yn amlwg ddim yn Foslemiaid, gan nad oedd 'run o'r merched yn gwisgo hijab felly roedden ni'n gallu gweld eu gwalltiau hyfryd nhw, wedi eu troelli bob siap, a'u hwynebau wedi eu tatŵio yn las. Roedden nhw'n eistedd ar y llawr fel ers talwm, yn gwerthu calabashes a gwahanol lysiau. A be oedd ar ochr y ffordd ond stondin y Native Doctor; math o gert yn llawn crwyn ac esgyrn anifeiliaid, pen crocodeil a photeli o lwch lliw rhyfedd – a darn o bren wedi ei gerfio i siâp rhan o gorff dyn ... does 'na'm angen i mi fanylu mwy na hynna nagoes? Wnes i'm meiddio gofyn at ba anhwylder oedd hwnnw. Roedd y 'doctor' yn gweiddi i mewn i fegaffon ac yn rhoi sioe debyg iawn i werthwyr cyllyll ac ati yn Sioe Llanelwedd.

Ro'n i isio nôl Mei i'w ffilmio fo ond roedd pawb wedi ymlâdd erbyn hyn ac mi ddywedodd y plismon y byddai'r stondin yn yr un lle yn union fory hefyd.

Doedd 'na'm ffilmio heno; roedd y lleill yn cael un o'u cyfarfodydd hirfaith hebdda i. Felly mi fues i'n golchi 'nillad yn y bwced a darllen. Ges i wybod wedyn na fyddwn ni'n mynd i Gbara fory fel ro'n i wedi gobeithio. Y bwriad oedd i ni fynd cyn belled ag y gallen ni yn y ceir, a cherdded wedyn at lan yr afon. Gan ei bod hi'n dal yn dymor gwlyb, mae'r afon yn fwy llydan nag arfer sy'n golygu llai o waith cerdded.

Ond, erbyn heddiw, mae'n debyg bod yr afon wedi mynd i lawr yn arw, sy'n golygu bod 'na 4 milltir o waith cerdded, fyddai'n waith caled iawn yn y gwres 'ma i bawb, heb sôn am Mei a Cheryl. Felly mi fyddwn ni'n mynd yno y ffordd hir yn y ceir ddydd Mercher, sef y diwrnod ar ôl

Y criw i gyd – wel, bron.

*Musa A. Baba yn gwenu am ei fod o wedi tecstio Ali ar y slei
i ddod i Mr Biggs.*

MAIN MENU

OPENING TIME 8AM - 10PM

BREAKFAST

TEA WITH BREAD AND BUTTER

OAT WITH MILK   RICE

CUSTARD   SALAD

CORN FLAKES   BEANS POURAGE

EGG   YAM POURAGE

SPAGETTE BELLAR   FRIED RICE

LUNCH AND DINNER

Yn dal i gynnig cwstard i frecwast yn y Ja'afaru!

Efo Gogo.

50

Y criw efo'r Etsu Nupe.

Abubakar a'i deulu. Fatima, ei wraig fu'n fy ffanio.

Hen fois iawn oedd 'gwarchodwyr' yr Etsu Nupe!

AK47

Hen ŵr Fulani.

Dynion Fulani mewn hetiau o Taiwan.

Hen wraig Fulani.

'Dwi wrth fy modd efo wynebau'r hen bobl . . .'

Stondin y 'doctor' yn Bida.

Tylwyth Teg Meg.

Ciw i dynnu lluniau yn y farchnad yn Bida!

Un o fy hoff luniau gan Mei.

Ac un arall.

O, a hwn hefyd.

Sylwch ar yr hogyn bach yn chwarae
efo teiar a phren yn y cefndir.

Mae'r merched yn gallu cario bob dim
dan haul ar eu pennau . . .

. . . a dyw'r dynion ddim yn ddrwg chwaith.

Stondin grefftau lleol yn Bida.

Victor a'r 'Jikadiya Gbara'

Cheryl yn trio cadw'r camera rhag llosgi . . .

Ydw i'n edrych yn dew yn hwn?

Wyddwn i 'rioed fod 'na nadrodd fel'na yn Nigeria.

Un o dai hyfryd Gbara.

Y tŷ bach yn Gbara! Dyfrig dynnodd hwn . . .

'Class of 1984' . . .

Ceisio ail-greu'r llun yn 2009.

Un o dai Gbara wedi ei addurno â phlatiau.

Sylwch ar y 'No hurry in life' ar y gwaelod.

Aishetu a'i theulu.

Y llun roedd Aishetu wedi'i gadw ers 1986. Hi sy'n y canol efo bwced ar ei phen.
Gogo yn y blaen.

'Doedden ni'm yn licio deud . . .'

Ceisio cadw'r pryfetach draw. Cheryl enillodd.

fory. Diolch byth – dwi jest a drysu isio gweld y lle, yr ysgol, yr hen dŷ, y plant – bob dim!

O ia, un siom fawr ges i heddiw oedd bod Victor wedi drysu rhwng dwy Fatima. Roedd o wedi dweud ddoe neu echdoe y byddwn i'n cyfarfod Fatima, y ferch fach yn yr un dosbarth â Gogo oedd yn boenus o swil ond mor, mor annwyl. Roedd ganddi wallt coch a'r wyneb delia erioed; mae 'na lun ohoni yn *Dyddiadur Gbara*. A'i thad hi roddodd bres a dau 'sgodyn i mi fel diolch am ddysgu ei ferch. Wel, cha'i mo'i gweld hi am ei bod hi wedi marw ers blynyddoedd. Dwi'm yn gwybod be gafodd hi, 'a sickness' oedd yr unig eglurhad. 'Ngeneth druan i.

Dydd Mawrth, 6ed Hydref. Amser cinio

Dwi'n gorwedd ar y soffa yn stafell Mei (mae ganddo fo lolfa yn ei lofft o – sgen i'm lle i stôl yn fy llofft i!) yn sgwennu hwn. Roedden ni i gyd ar ganol trafod yr amserlen pan ddaeth Victor at y drws a gorchymyn pawb – heblaw fi – i ddod i'r dderbynfa. Do'n i'm yn cael symud. Mae 'na bobol dwi'm yn cael siarad efo nhw allan yna. Mae hyn mor afreal; dwi'n gallu clywed eu lleisiau nhw o bell, lleisiau y dylwn i eu nabod ond dwi'n trio peidio gwrando. Dwi'n nacyrd rŵan. Allwn i gysgu yn hawdd.

Dydd Mercher, 7fed Hydref

Ro'n i'n rhy flinedig i sgwennu gair neithiwr – felly yn ôl at ddoe. Ges i wybod yn y diwedd be oedd yr holl drafod hysh-hysh yn y dderbynfa tra ro'n i'n gaeth yn stafell Mei. Mi ddywedon nhw ein bod ni'n mynd i wneud mwy o ffilmio yn y farchnad, felly plîs allwn i wisgo'r un dillad eto? Top piws a'r *wrapper* ges i ym Minna oedd rheiny – ac fel roedd hi'n digwydd, ro'n i wedi llwyddo i'w golchi a'u sychu echdoe. Mae pethau'n sychu mewn chwinciad yn y gwres 'ma.

Mi wnes i sylwi bod Victor wedi newid i grys pinc smart iawn, ac wedi torri ei wallt hefyd. Hm ... fyddai hynny'n effeithio ar *continuity*? Ond mi ges fy sicrhau nad oedd Victor yn y shots yn y farchnad. Mi wnes i ei holi pam roedd o mor smart ac mi fwydrodd rywbeth am orfod mynd i'r banc ym Minna. I mewn i'r bws â fi, ac aros yno am oesoedd tra roedd Victor ar un o'i ffonau symudol eto. Ro'n i isio pi-pi erbyn hyn ond ro'n i dan yr argraff mai dim ond picio i wneud shot neu ddwy yn y farchnad oedden ni felly wnes i'm trafferthu mynd yn ôl i'r gwesty. Sôn am ddifaru.

Dringodd pawb i mewn i'r bws mini o'r diwedd ac i ffwrdd a ni. Taith hir, hir o gwmpas cyrion y dre, ac yna'n ôl i mewn i'r canol o gyfeiriad Minna. 'Pam mynd y ffordd hir?' gofynnais. 'Trio fy nrysu i ydach chi?' Ro'n i wedi dweud ers meityn mod i jest a byrstio isio pi-pi. Roedd y camera yn fy nhrwyn i eto wrth gwrs 'Ble ti'n meddwl dan ni'n mynd?' Doedd gen i'm syniad mwnci nagoedd?! Ro'n i jest isio tŷ bach! Pan weles i arwydd yn dweud 'Prifysgol' dyma fi'n meddwl efallai ein bod ni'n mynd i weld cyn-ddisgybl sy'n ddarlithydd neu brifathro neu rywbeth. Dim ond gwenu'n smyg wnaeth pawb. Nefi, ro'n i'n dechre colli mynedd. Bali sypreisus. Dwi'm yn 'u licio nhw. Os fydd rhywun yn meiddio trefnu pen-blwydd 'sypreis' i mi byth, mi wna'i eu saethu nhw.

O'r diwedd, dyma'r bws yn troi i mewn i rywle efo sgrifen Arabeg ar y waliau tu allan, a dod i stop. Edrychais i fyny i weld fflagiau yn cyhwfan o bolion. O'n cwmpas ni, roedd 'na ugeiniau o ddynion mewn *rigas* smart ofnadwy. O, nefi wen ... roedd gen i syniad go lew lle roedden ni. Palas yr Emir; brenin y bobol Nupe. Dyn pwysig iawn, iawn.

Rŵan, mae'n rhaid i mi gyfadde, pan ro'n i'n sgwennu nodiadau ar gyfer Victor fisoedd lawer yn ôl, mi wnaeth o roi tro yn fy meddwl i y gallai rhywbeth fel hyn ddigwydd. Camerâu teledu o Brydain wedi'r cwbl ... Ond mi wnes i ail-feddwl a phenderfynu bod yr Emir yn foi llawer rhy brysur a rhy urddasol i ffaffian efo rhyw bethau fel'na. Ond ro'n i'n cael fy nhywys at y palas ei hun – gan Isah 'Head Boy' ac Ali Mohammed! Dwi'n eitha siŵr mai Ali oedd y tu ôl i hyn, ac mai eu lleisiau nhw ro'n i'n eu clywed bnawn ddoe. Ond dwi wedi eu gweld nhw'n barod – oedd raid cadw hyn yn gyfrinach hefyd?! Mi fyswn i wedi gofalu mynd i'r tŷ bach yn gynta – a gwneud fy ngwallt yn ddel – a pharatoi rhywbeth i'w ddweud, achos garantîd mi fyddai 'na areithio! Ro'n i isio cnocio pennau rhywrai efo'i gilydd ...

Ymlaen â ni heibio ugeiniau o bobol yn chwerthin a gwenu fel giatiau; roedd pawb yn y byd yn gwybod am hyn! 'Sut ti'n teimlo?' gofynnodd y llais y tu ôl i'r camera. 'Cachu brics,' medda fi (bu'n rhaid torri'r darn yna o'r rhaglen am ryw reswm). Mi fyswn i wedi licio cael fy rhybuddio am hyn, achos ro'n i wir yn teimlo'n sâl; ro'n i'n gwybod y byddai'n bnawn hir a phawb yn sbïo arna i ac ro'n i wir yn despret am y tŷ bach rŵan.

Gawson ni'n harwain i stafell fawr, foethus, yn garpedi a chadeiriau cyfforddus i gyd a dwsinau o luniau o Emirs y gorffennol (yr un presennol, Alhaji Yahaya Abubakar ydi'r 13eg o dras y Fulani mae'n debyg, ac Etsu Nupe ydi'r teitl cywir bellach, nid Emir). Ac yno y buom yn aros am oes i'r Etsu Nupe gyrraedd a finna'n rhy nerfus i ofyn am doilet. A dyna pryd sylweddolais i bod y lleill, nid dim ond Victor, wedi rhyw lun o wisgo'n smartiach nag arfer. Wel, mae Dyfrig wastad fel pin mewn papur, ond roedd Mei yn gwisgo siorts glân a Cheryl mewn du i gyd – nid y lliw calla i fynd i ffilmio yng ngwres tanbaid marchnad Bida.

O'r diwedd, sŵn trwmpedi tu allan a lleisiau'n gweiddi'n awdurdodol, a daeth y dyn ei hun i mewn efo'i osgordd o ddynion mewn dillad coch llachar. Pawb ar eu traed yn syth. Dwi'm yn cofio'n union be ddigwyddodd wedyn, ond mi wnaeth rhywun ddweud ein bod ni ar yr ochr anghywir felly bu'n rhaid brysio at soffa arall. Dwi'm yn cofio os ddigwyddodd unrhyw beth arall cyn i Ali Mohammed godi a chydio mewn meicroffon. Mi aeth o ati i ddweud pwy o'n i (gan fynd dros ben llestri go iawn):

... our mother teacher, the unifier, lover of mankind, regardless of race, religion, culture and social status ...

Wedyn mi ofynnodd i mi godi. Ai fy nhro i i siarad oedd hi? Naci, fel ro'n i'n camu 'mlaen, 'Sit down,' medda fo, felly mi wnes. Roedd o isio egluro be ro'n i'n wneud yma, wedyn mi roddodd y meicroffon i mi. Ro'n i isio i'r ddaear fy llyncu i. O wel, doedd gen i'm dewis ond agor fy ngheg a bwrw iddi. Mi wnes i fwydro rhywbeth, ond ddim am hir iawn wedyn rois i'r meicroffon yn ôl i Ali ac eistedd eto. Mi gymerodd Victor y meic wedyn a dechrau fy nghanmol i'r cymylau (a thu hwnt) o flaen pawb nes ro'n i isio i'r ddaear fy llyncu eto. Mi ddywedodd ei fod yn siarad ar fy rhan i (mae'n amlwg nad o'n i wedi siarad digon) am ei fod o'n gwybod y byddwn i'n dechre crio – felly mi wnes i ddechre crio yn syth yndo!

Mi fu'r Etsu Nupe ei hun yn siarad wedyn, mewn Saesneg perffaith ond gydag acen gref. Erbyn dallt, tra roedd o'n y fyddin, mi fu'n byw yn America ac India. Wedyn mi ges fy ngalw ymlaen i dderbyn anrhegion. Ges i darian fawr bres a rhyw fath o ornament mawr lliw arian, y ddau wedi eu creu gan grefftwyr Bida Brass. Ges i hefyd barsel mawr trwm o ddail wedi eu sychu a'u clymu efo llinyn. Ro'n i'n gwybod bod 'na rywbeth pwysig yn y parsel ond doedd gen i'm clem be, a do'n i'm yn licio sbïo. Dwi wedi ei agor bellach a chnau cola sydd ynddo fo: cnau melyn neu binc sy'n cael eu rhoi fel anrhegion mewn seremonïau. Mae gyrwyr loris yn eu cnoi'n aml i gadw'n effro; maen nhw'n gallu gwneud i rywun gadw i fynd am hir heb fwyd am eu bod yn rhyw fath o *stimulants*. Ond maen nhw'n chwerw ofnadwy ac er mod i wedi eu blasu droeon, fedra i jest ddim cymryd atyn nhw. Be goblyn dwi'n mynd i neud efo chwarter tunnell ohonyn nhw?!

Doedd gen i'm anrheg iddo fo wrth gwrs, ond chwarae teg, roedd y lleill wedi meddwl am hyn ac roedd Mei wedi dod â'i faner Draig Goch anferthol efo fo, a dwi'n meddwl bod Victor wedi rhoi rhyw bethau ychwanegol. Sgen i'm clem be. Cnau cola o bosib. Mi wnes i addo rhoi copi o *Dyddiadur Gbara* iddo fo cyn i mi adael. Ia, dwi'n gwybod mai Cymraeg ydi hwnnw ond mae 'na ddarnau Saesneg ynddo fo a llun o'r Etsu Nupe oedd o'i flaen o. Wnes i rioed gyfarfod hwnnw, dim ond codi llaw arno fo yng nghanol y dorf mewn seremoni fawr liwgar o'r enw *Sala* yn 1985. Doedd meidrolion ddim yn cyfarfod yr Etsu Nupe bryd hynny!

Roedd y seremoni ar ben ac mi ddywedais wrth Ali bod pob dim wedi bod yn anhygoel a gwefreiddiol ond plîs gawn i fynd i'r tŷ bach ... Daeth un o brif ddynion yr Etsu Nupe ata i'n syth a mynd â fi rownd y cefn i stafell fawr grand arall, lle roedd 'na dŷ bach hyfryd yn y cefn. Alla i'm dweud wrthach chi gymaint o ryddhad ges i.

Allan â fi at y gweddill i wenu ar gyfer cant-a-mil o luniau nes roedd fy wyneb i'n brifo. Ac erbyn dallt, roedd un o'r ugeiniau o ddynion pwysig mewn *rigas* yn gyn-ddisgybl arall i mi. 'You remember Abubakar?' gofynnodd Ali. Edrychais ar y boi boliog yn gwenu o 'mlaen i. Na, doedd gen i ddim co' o gwbl ohono fo, ond roedd o'n yr un dosbarth â Isah ac Ali meddan nhw. Ac roedd o isio ein gwadd ni i'w dŷ o i gyfarfod y wraig a'r plant. Iawn, felly i mewn i'r fan â ni a dilyn car Ali at giât fawr haearn mewn rhan arall o'r dre. Agorodd y giât ac i mewn â ni i *gompound* taclus tu hwnt. Daeth y ferch hynod dlws 'ma atan ni, gwraig Abubakar. Fatima oedd ei henw hi a do'n i'n synnu dim o ddeall ei bod hi'n dywysoges, yn perthyn i linach yr Etsu Nupe, ond do'n i ddim yn disgwyl iddi fy nhrin i fel aelod o'r teulu brenhinol chwaith! Mi ges i sws a choflaid gynnes ganddi, wedyn roedd hi'n mynnu cyrcydu o 'mlaen i. Plîs paid!

Aeth â ni i mewn i'r tŷ. Roedd y trydan wedi 'done quench' (diflannu) eto, (NEPA ydi enw'r cwmni trydan yma – 'never expect power again' yn ôl rhai) felly doedd y ffans ddim yn gweithio. Felly roedd hi fel popdy yn y stafell fyw a phawb yn chwys boetsh o fewn dim – heblaw fi. Roedd Fatima yn fy ffanio fi efo un o'r ffans wedi eu plethu o wair fydden ni'n arfer eu defnyddio o hyd yn Gbara. Doedd 'na neb yn ffanio'r lleill ... fi sy'n bwysig mae'n rhaid! Dwi'm cweit yn dallt pam ei bod hi'n gwneud cymaint o ffys ohona i ... dysgu ei gŵr hi am flwyddyn neu ddwy wnes i, dyna i gyd, a dwi'm hyd yn oed yn ei gofio fo!

Oedd, roedd o'n bnawn anhygoel ond dwi wir ddim isio mwy o'r 'sypreisus' 'ma. Dwi wedi rhybuddio'r criw: ylwch, mae 'na bosibilrwydd cry' y bydda i'n ei cholli hi'n rhacs ulw grybibion pan wela i Umar (neu Umaru bellach) Abdullahi, yr hogyn sgwennodd y llythyrau wnes i eu cynnwys yn *Dyddiadur Gbara*. Ro'n i'n ffrindie mawr efo fo ac roedd o'n fwy trist na neb pan nes i adael. A dwi'n gwybod mod i'n mynd i'w weld o ryw ben am mod i wedi ei weld o ar y DVD. Mae meddwl am ei weld o eto yn gwneud i mi grio rŵan, damia. Dwi wir isio rhybudd cyn i mi ei weld o. Os fydda i'n ei cholli hi pan wela'i o, fydda i ddim yn gallu siarad efo neb, heb sôn am y camera, drwy'r dydd. A fedran ni'm fforddio'r amser i hynna ddigwydd na'llwn?

Dwi'm yn siŵr os ydyn nhw'n fy nghoelio i. Ond dwi'n nabod fy hun yn o lew a dwi'n gwybod sut dwi'n crio pan dwi'n crio go iawn. Dwi'm yn gallu stopio!

Dwi dal yn emosiynol iawn heddiw. Mae 'na reswm ychwanegol MAWR am hynny. Mae Mei, Cheryl a Steve yn mynd i Gbara fory – hebdda i! Mi fysa Dyfrig wedi mynd hefyd ond mae'n siŵr eu bod nhw'n teimlo y dylai rhywun aros efo fi. Nid eu penderfyniad nhw ydi hyn, chwarae teg. Pobol Gbara sydd wedi dweud nad ydyn nhw isio i mi fynd yno tan ddydd Sadwrn! Mae hynny'n golygu tri diwrnod arall o aros! Dwi'n gwybod eu bod nhw wedi trefnu rhywbeth mawr, rhyw barti croeso neu rywbeth. Ond dwi jest isio mynd yno RŴAN, i mi gael amser i siarad efo pawb.

Mae meddwl am y criw yn cael gweld Gbara o 'mlaen i yn brifo. Mi ddywedodd Cheryl nad oedd hi'n hapus o gwbl am y peth; roedden nhw isio gweld y lle drwy fy llygaid i. Ia, dyna ro'n inna wedi ei obeithio. Ond mae'n rhaid iddyn nhw fynd os am gael digon o shots o Gbara ar gyfer y rhaglen, ac rydan ni wedi ffilmio pob dim posib yn Bida. Mae Mei a Dyfrig yn fy sicrhau eu bod nhw wedi pledio efo'r trefnwyr – pwy bynnag ydi'r rheiny – ond doedd 'na'm symud arnyn nhw. Dyna rywbeth arall am bobol Nigeria – maen nhw'n blydi styfnig!

Amser cinio

Mae Dyfrig a finna newydd dreulio awr mewn caffi seibr, ac yn ystod yr awr hirfaith honno, mi fethodd Dyfrig â chysylltu efo'i ebyst yn llwyr, a'r unig un lwyddes i i'w agor oedd un yn dweud 'OK.' Mi wnes i lwyddo i yrru dau nodyn byr ond dyna'i gyd. Roedd y bali peth mor ofnadwy o araf. Rhad, ond araf.

Doedden ni ddim i fod i adael y gwesty nes i'r gyrrwr efo'r ail gar gyrraedd (neu'r 3ydd? Dwi wedi colli cownt) ond doedd 'na'm golwg ohono fo ac roedden ni'n dau'n mynd yn hurt. Dwi wedi gorffen llyfr cyfa ers brecwast. Felly dyma ofyn i Victor fysen ni jest yn cael croesi'r ffordd at y caffi seibr. Wel, roedd yn rhaid i blismon ddod efo ni (roedd y lleill wedi mynd i Gbara) a byddai'n rhaid i Dyfrig ddod â'r 'tracker' efo fo, rhyw declyn roedd Steve wedi ei roi iddo fo sy'n dangos i'r cwmni diogelwch yn Lloegr yn union lle rydan ni bob amser.

Felly i ffwrdd â ni, y ddau anturiwr glew – yr holl ffordd ar draws y ffordd fach gul i'r caffi seibr. Efo plismon a gwn dros ei ysgwydd.

Wedi mynd yn fwy hurt fyth ar ôl awr o chwysu a rhegi yn fan'no, mi fuon ni'n crwydro'r siopau bychain dan y coed. Mi brynais i bedair nofel gan awduron Affricanaidd yn y stondin lyfrau (y 4 am £5), a chael sgwrs hyfryd efo'r ddynes fawr radlon yn fan'no. Wedyn mi brynais i dair hances fawr gotwm ar gyfer y chwalfa ddagreuol sydd o 'mlaen i. Dydi'r pethau papur 'na'n para dim.

Mi wnes i holi pam nad oes 'na fwlturiaid ymhob man, roedden nhw'n bla ers talwm. Yr eglurhad ges i oedd bod yr Etsu Nupe wedi defnyddio hud a lledrith i gael gwared ohonyn nhw. Wedi holi mwy, roedd yr hud a lledrith hwnnw yn golygu rhoi 'bwyd arbennig' ar doeau adeiladau'r dref ... bwyd oedd wedi'i wenwyno, dwi'n cymryd. Dwi'm yn siŵr be wnaeth hynna i'r gadwyn fwyd, ond mae o'n sicr wedi gweithio. Does 'na'm un fwltur i'w weld yn unlle. Ond be sy'n cael gwared o'r bwydiach a'r baw sy'n pydru mewn gwteri ac ar domenni rŵan ta?

O ia, sôn am lyfrau, mi ddaeth Dyfrig at y bwrdd brecwast yn flin uffernol bore 'ma. Mae un o'r llyfrau Cymraeg brynodd o'n y Steddfod yn ei yrru'n benwan, mae'n ei wylltio'n rhacs ond mae'n dal yn benderfynol o'i orffen. 'Mae'n dda i hala fi i gysgu ...'

Nos

Roedden ni'n dau i fod i fynd i'r farchnad wedyn, efo'r trydydd car 'ma. Ond welson ni byth mohono fo. Mae'n debyg bod y garej wedi rhoi diesel ynddo fo yn lle petrol, neu'r ffordd arall rownd. Y cwbl dwi'n ei wybod ydi bod Dyfrig a finna wedi bod yn styc yn y bali gwesty 'ma drwy'r dydd yn mynd yn benwan. A finna'n meddwl am y lleill yn cael croeso anhygoel gan bobol a phlant Gbara, yn cael croesi afon Kaduna mewn canŵs, yn cael gweld yr *egrets* gwynion yn hedfan heibio'r awyr las a'r gweiriach llachar o wyrdd.

Ro'n i'n digwydd bod yn sefyllian y tu allan i'r dderbynfa yn sbïo ar y cymylau duon yn cronni yn yr awyr pan gyrhaeddodd y lleill yn ôl o Gbara. Steve ddaeth allan o'r fan gynta.

'What a fantastic place!' gwaeddodd a'i lygaid yn sgleinio. Dyna ni, mi gronnodd y cymylau duon ynof finnau hefyd.

'I don't want to know!' bloeddiais, gan fartsio heibio iddyn nhw, rownd y gornel, heibio'r biniau ac at y lein ddillad yn y cefn. Ro'n i'n gwybod bod 'na gythgiam o storm ar y ffordd. Mi wnes i hel fy nillad – a gadael dillad pawb arall iddyn nhw blydi wel eu hel eu hunain. Taflu'r cwbl ar ben fy ngwely, wedyn allan â fi eto i sefyll ar y concrit i'r gwynt gael fy oeri; y gwynt sy'n golygu bod y glaw ar y ffordd unrhyw funud. A phan ddaeth y glaw, nes i'm symud. Dim ond sefyll yna'n gadael i'r cwbwl fwcedu drosta i nes ro'n i'n wlyb domen dail. A phan ddechreuodd o lifo oddi ar y to fel rhaeadr, es i i sefyll o dan hwnnw hefyd. Daeth rheolwraig y gwesty allan i'r porch i sbïo arna i a chwerthin.

'You like the rain?'

'Yes, I need it.'

Ro'n i'n teimlo'n well wedyn felly es i i newid ac ymuno efo'r lleill oedd erbyn hyn yn cael swper – ac yn sbïo arna i'n nerfus, wedi clywed y taranau yn fy llais gynnau.

'Iawn, gewch chi ddweud wrtha i sut aeth hi rŵan.' Ymlaciodd pawb. Mae'n debyg bod y lle wedi tyfu, yn wefreiddiol o dlws, ac maen nhw wedi paratoi'r croeso rhyfedda i mi. Mae 'na dŷ (wel, rhyw fath o adeilad) i ni gael aros ynddo yn ddigon pell o'r pentre i ni i gyd gael amser tawel i ni'n hunain '... ac mi fydd o'n grêt,' meddai Mei. Ond doedd o'm yn gallu dweud mwy na hynna.

Yhy. Iawn, ond y ffordd dwi'n teimlo ar hyn o bryd, dwi'm isio blydi mynd yna! Dwi wedi llyncu mul go iawn efo'r holl fusnes 'Paid â dweud wrth Bethan'. Dwi'n mynd i ofyn – na, yn mynd i fynnu mod i'n cael gwybod pwy dwi'n bendant yn mynd i'w gweld a phwy dwi ddim. Wedyn, falle y galla'i reoli'r crio rywfaint.

Ond rŵan, yr eiliad yma, y cwbl dwi ei angen ydi *punch bag*.

Dydd Iau, 8fed Hydref

Diffiniad diflastod llwyr: mae Dyfrig wedi datrys patrwm y teils y tu allan i ddrws y gwesty.

Wedi artaith ddoe, rydan ni'n sefyllian yn y gwesty 'ma eto ers ben bore yn disgwyl ffilmio rhywle y tu allan i'r gwesty. Ond mae hi'n 11.45 a 'dan ni byth wedi symud! Mi ddaeth y car arall yn y diwedd ond does 'na'm blydi petrol ynddo fo! AAAAAAA!

A ges i hunllef neithiwr – bod y lleill yn mynd i Gbara hebdda i eto. Erbyn i ni ddechrau yfed ein sudd mango i frecwast, ro'n i wedi deall nad hunllef mohoni. MAEN NHW'N MYND HEBDDA I ETO! *&%^$£@!

A rŵan, mae'r car wedi dod yn ôl efo llond tanc o betrol ond mae Phil y plismon wedi mynd i nôl cinio ... Argoledig, mae isio gras.

Dwi'n teimlo dros Dyfrig hefyd. Mi fydd yntau'n gorfod eistedd o gwmpas yn gwneud dim hefyd pan fydd rhain wedi mynd i Gbara eto fory. Ond dydi o'm yn cwyno cweit cymaint â fi. Wel, a dweud y gwir dio'm yn cwyno o gwbl. Heblaw am y llyfr 'na mae o'n dal i frwydro drwyddo. Rydan ni'n cael araith am pa mor uffernol ydi o bob bore dros frecwast!

Nos

Llwyddo i adael y gwesty yn y diwedd yn y confoi arferol: ni yn y bws mini a Steve a'r plismyn yn y Peugeot y tu ôl i ni. Dwi'm yn gallu cadw i fyny efo'r holl yrwyr gwahanol rydan ni wedi eu cael. Solomon sydd wastad yn y Peugeot a Saheed sydd efo ni, ond rhyw foi bach newydd oedd yn y bws mini dwytha – nes iddo fo falu rhywbeth. A dwi'm yn gwbod be ddigwyddodd i Ola ar ôl i'r bws arall fynd ar dân ym Minna. Ac mae 'na Kaseem wedi bod efo ni hefyd – fo oedd i fod i ddod aton ni ddoe. Un bach drwg ydi hwnnw; roedd o'n lapswchan efo ryw ddynes y tu ôl i'r bws neithiwr. Efallai mai ei wraig oedd hi, ond dwi'n amau rhywsut.

Chwilio am rywle tawel i ffilmio cyfweliad hir efo fi oedden ni. Ond mewn gwlad efo biliynau o foto beics, mae hynny bron yn amhosib. Mae'r bali pethau yn ffrwtian a sgrialu heibio fel rhyw wenyn mawr dragwyddol, a'r sŵn i'w glywed o bell. Mi welson ni fryncyn bach yn y diwedd a dringo i fyny i fan'no. Doedd Cheryl yn dal ddim yn hapus efo'r sŵn moto beics ond doedd 'na fawr o ddewis a dweud y gwir.

Cymylog oedd hi bore 'ma ond dwi wedi dal haul was bach. Dwi'm yn dallt; do'n i'm yn dal haul o gwbl yma 25 mlynedd yn ôl. Fi ta'r haul sydd wedi newid?

Aeth yr holi 'mlaen am oesoedd (un trylwyr ydi Mei) ac ro'n i (a Cheryl) yn eistedd ar gerrig folcanig drwy'r cwbl. Ond yn y diwedd mi fu'n rhaid i mi ddweud, 'Ylwch, mae'n rhaid i mi godi am funud, mae 'mhen ôl i wedi mynd i gysgu a dwi mewn poen.' Mi gododd Cheryl fel shot hefyd. Roedd ei phen ôl hithau wedi mynd yn rhyfedd i gyd. Ac wedi i ni sefyll, aeth y teimlad yn rhyfeddach fyth. Mi fuon ni'n waldio bochau ein penolau, eu tylino a'u hysgwyd i drio cael gwared o'r teimlad hynod annifyr hwnnw. Roedd y dynion yn meddwl bod y peth yn hynod ddigri, yn enwedig pan gyhoeddodd Cheryl: 'It feels like something's been injected in my arse!'

Cyfle i fynd i siopa heb y camera mawr wedyn. Aeth y bws â ni i adeilad mwd lle maen nhw'n gwerthu crefftau lleol. Doedd 'na'm byd fel hyn ers talwm! Gorfod mynd i dai'r gwneuthurwyr fyddwn i. Ond fan hyn, roedd 'na lwyth o bethau Bida Brass tebyg i be ges i gan yr Etsu Nupe, a chydig o Bida Cloth, sef darnau o flancedi lliwgar. Dyna ydi cyrtens fy llofft i adre, a be sydd dros fy nesg i yn y stafell fyw. Ond dwi ffansi cyrtens newydd felly ro'n i'n benderfynol o gael rhywbeth addas, ac roedd fy ffrind i, Caren (bach) wedi gofyn i mi ddod â rhywbeth addas i'w thŷ newydd hi hefyd. Ges i ddau am tua £45 yn y diwedd – ar ôl cryn dipyn o fargeinio. Tipyn drytach nag yn yr 80au.

Ymlaen â ni at y Fulanis yn yr hen farchnad wedyn, lle bu Mei wrthi fel fflamia yn tynnu lluniau efo'i Nikon (chwip o luniau hefyd) a finna yn trio bargeinio efo dyn Fulani am *calabash* a chaead gwellt. Ges i'r ddau am rhyw £5 yn y diwedd. Mi wnes i gofio mwya sydyn am y gair Hausa hynod ddefnyddiol tra'n bargeinio: '*Haba!*' sef 'Faint? Paid â siarad yn wirion!'

Ond pan ddechreuais i dynnu lluniau, mi ddechreuodd gwerthwr *calabashes* arall weiddi a strancio. Dwi'n meddwl ei fod o'n flin am ein bod ni'n tynnu lluniau heb ofyn, ond roedden ni wedi gofyn i'r merched cyn dechrau arni. Wel, nid efo geiriau, ond efo'n llygaid gan bwyntio at y camera ac roedden nhw'n berffaith fodlon – rhywbeth arall sydd wedi newid ers pan ro'n i yma ddwytha. Bryd hynny, gorfod tynnu lluniau ar y slei fyddwn i yn y farchnad yma am fod pobol yn meddwl bod camera yn dwyn eu henaid nhw. Dim ond lluniau o gefn ac ochr Fulanis sydd gen i o'r 80au. A rŵan, roedden nhw'n gwthio'i gilydd allan o'r ffordd i gael llun. Mae camerâu digidol yn help mawr yn hynny o beth – maen nhw'n gallu gweld y lluniau yn syth rŵan tydyn?

Ta waeth, mi gafodd y plismyn air tawel efo'r dyn blin ac mi ymlaciodd a dechrau chwerthin wedyn. Jest isio pres oedd o dwi'n meddwl.

Rhywbeth trist am y Fulanis (yn fy marn i o leia) ydi bod y dynion ifanc wedi rhoi'r gorau i wisgo eu hetiau gwellt traddodiadol. Maen nhw'n hetiau hyfryd ac mi ddois i ag un adre efo fi yn 1986; mae'n hongian ar y wal yn y lolfa. Ond maen nhw wedi penderfynu bod hetiau 'gorllewinol' yn well, felly maen nhw'n prynu rhai rhad, *tacky* o'r farchnad – o Korea a Taiwan. Weles i un ar ochr y ffordd yn gyrru ei warpheg efo het ffwr ar ei ben! Mae'n rhaid ei fod o'n chwys diferol. A dyna be oedd mor dda am yr hetiau gwellt; roedden nhw'n wych am gadw gwres yr haul draw.

Yn anffodus, doedd 'na'm golwg o gert y *native doctor* heddiw. O wel, yn ôl â ni ar frys at y gwesty am fod Mei isio ffilmio'r haul yn machlud. Mi fu'r gweddill ohonon ni'n pacio stwff i fynd yn y fan i Gbara fory. Mi fydd angen cryn dipyn o geriach i fwydo deg ohonon ni am 6 diwrnod yn Gbara a doedd yr hogia ddim wedi cael llawer o hwyl ar siopa ddoe, felly mi fydd raid i Dyfrig a finna oruchwylio'r siopa fory tra mae'r lleill yn mynd â phopeth fedran nhw i Gbara. O leia mi fydd gynnon ni'n dau rywbeth call i'w wneud tro 'ma!

Bore Gwener, 9fed Hydref

Dwi'n sgwennu hwn yn ystafell fwyta'r gwesty. Mae 'na ddyn Nigeriaidd sy'n aros yma ar ganol rhoi llond pen i'r ferch fach annwyl sydd wastad wrth y ddesg yn y dderbynfa. Mae o'n dweud ei bod hi'n ddigywilydd. Ond mae hi wastad yn hynod gwrtais efo ni. O be dwi'n ei ddeall o'i Saesneg 'pidjin' mae o'n ei chyhuddo hi o'i drin yn israddol.

'Ddylet ti byth sbïo i lawr ar ddyn llnau hyd yn oed, mi allai fod yn 'senior' i ti yn y tŷ.' Dwi'n methu peidio â meddwl bod na fwy y tu ôl i hyn. Oedd o isio iddi ddod i'w wely o? Neu ddim yn hoffi'r ffordd maen nhw mor glên efo ni, yr *Oyibos*? Mae'r greadures fach yn crio ac yntau'n gweiddi 'You are not sorry!' Dwi jest a drysu isio gofyn iddo fo roi'r gorau iddi ond fyddai hynny ddim yn beth call i'w wneud.

Oho ... dwi'n dechrau dallt rŵan ei fod o'n gweld ei fil yn ddrud. Dim digon o bres sydd ganddo fo? Chwilio am ddisgownt? Mae'r rheolwraig wedi dod mewn i drio tawelu'r dyfroedd rŵan.

Hanner awr yn ddiweddarach ac maen nhw i gyd yn chwerthin fel pethau gwirion! O, y wlad 'ma!

Nos

Mi gafodd Dyfrig a finna ddiwrnod hir ond difyr iawn efo Saheed yn prynu un ar ddeg matres, amrywiol bwcedi a phowlenni plastig, sosbenni, platiau, cyllyll a ffyrc, a digon o lysiau a ffrwythau a ffa, bara, siwgr, blawd, wyau ayyb i bara am fis. A chwpwl o ambarels i gadw'r haul rhag ein llosgi ni'n ulw. Mae'n goblyn o hwyl gwario pres rhywun arall. Ond dwi'm yn gwybod sut rydan ni am ffitio pob dim – a ni, a'n bagiau – i mewn i'r faniau 'ma fory.

Bore Sadwrn, 10fed Hydref, 7.45

Newydd droi oddi ar y tarmac i'r ffordd dywod am Gbara. O'r diwedd. Ond dwi mor nerfus dwi isio chwydu. Mae'r holl brofiad 'ma mor od.

Rydan ni mewn confoi o dri cherbyd rŵan: ni sydd ar y blaen mewn bws mini efo Saheed wrth y llyw a Phil y prif blismon wrth ei ochr yn chwarae casét o ganeuon gospel (Cristion ydi o) sy'n fy ngyrru i'n hurt; wedyn mae 'na fws mini arall y tu ôl i ni yn llawn bwyd ac offer a llwyth o fatresi wedi eu clymu ar y to, ac yn olaf mae Steve a'r heddlu yn y Peugeot glas efo Solomon yn gyrru.

Mae 'na bolion trydan ar hyd ochr y ffordd, ond does na'm ceblau arnyn nhw eto. Felly does 'na'm trydan yn Gbara – am ryw hyd.

Mae'n goblyn o anodd sgwennu am fod y ffordd yn wirioneddol erchyll ac mae'n bws ni'n mynd yn sownd yn eitha aml. Dwi'n siŵr bod hon yn ffordd wahanol i'r un oedd yn mynd drwy Sakpe, achos dwi'm yn cofio cymaint o bentrefi bychain ar y ffordd. Dwi newydd holi Saheed, a dwi'n iawn: mae hon yn ffordd wahanol, ac yn well na'r ffordd i Sakpe mae'n debyg. Nefi wen. Gas gen i feddwl sut siâp sydd ar honno ta. A drapia, ro'n i wedi meddwl tynnu lluniau o hen dŷ Don iddo fo. Mae o'n byw yn Botswana rŵan, yn olygydd papur newydd *The Voice* yno. Mae o'n dal yn briod efo Maeve ond mae hi'n ôl yn Cumbria efo'r plant ac mae gan Don deulu newydd yn Botswana! Rêl Don ...

Gyda'r nos
Wedi taith hir, anghyfforddus a hynod chwyslyd o ryw dair awr, pan fu bron i mi fynd ar fy hyd i mewn i ffos fwdlyd pan es i am dro i bi pi, a phan fu drymiwr yn cyfeilio i ni wrth i'r ceir drio croesi 'pont' o gerrig mawr, blêr, a phan gawson ni'n pasio gan bennaeth y pentre yn ei 4x4 mawr du, aethon ni'n syth i ble rydan ni'n aros tra byddwn ni yma: rhes o stafelloedd gwag sy'n swyddfeydd i'r cynghorwyr lleol fel arfer. Adeilad eitha newydd ddwedwn i, gyda ffans yn y to a switsus trydan yn y waliau. Mae Victor wedi prynu *generator* er mwyn i Mei a Cheryl fedru charjo'r camera a'r offer sain, ac i ni gael ffans a golau gyda'r nos – ac mae digon o angen ffans. Mae hi'n chwilboeth yma!

Mae'r heddlu a'r gyrwyr yn y stafelloedd cynta, wedyn Mei, Dyfrig a Steve efo'i gilydd mewn stafell arall, wedyn Cheryl a fi yn yr un bella. Roedd Victor i fod efo'r dynion ond mae o wedi darganfod stafell sbâr y tu ôl i'n llofft ni, felly fan'no mae o am fynd. Mi fydd raid iddo fo fynd drwy'n stafell ni i fynd mewn ac allan, felly bydd raid i mi wisgo pyjamas, beryg. Drapia.

Wedi helpu i ddadlwytho a gwneud yn siŵr bod y bagiau cywir yn y stafelloedd cywir, aethon ni am yr ysgol. Arhosodd Steve ar ôl i dyllu *pit latrine* yng nghefn yr adeilad, gosod cawod efo bwced a rhaff wrth un o'r coed mawrion, a rhoi rhwydi atal mosgitos dros ein ffenestri ni. Dyna'r math o beth mae o'n mwynhau ei wneud, ac mae'n amlwg o'i wyneb o ei fod o wrth ei fodd yma'n barod ac yn gwybod yn iawn na fydd unrhyw ddynion drwg yn mentro dod yma ar ein holau ni. Mi sylwodd fod gen i fflip fflops am fy nhraed bore 'ma, a gwenu. Rhain fydda i'n eu gwisgo tra bydda i yma, a synnwn i daten nad newid i fflip fflops neith ynta!

Mae o a fi yn gwybod yn iawn nad oes raid gwisgo sgidiau cerdded fan hyn, does 'na'm peryg o gwbl yma (ar wahân i ambell sgorpion neu neidar efallai), yn enwedig ar ôl be ddigwyddodd heddiw. Dwi'n ddynes bwysig rŵan, a fyddai neb o drigolion Gbara yn gadael i unrhyw un gyffwrdd blaen bys ynof fi!

Roedd yr ysgol fel ffair. Roedden ni'n gallu clywed y drymiau o bell, ac wedi dod allan o'r bws mini, mi welais i babell fawr yn llawn pwysigion a fy nghyn-ddisgyblion – yn cynnwys Umar Abdullahi! Fo oedd yng ngofal y trefniadau ddwedwn i. Ro'n i isio siarad yn gall efo fo, ond roedd o mor brysur yn cadw trefn, a finnau'n gorfod cyfarch cant-a-mil o bobol eraill, rhai ro'n i'n eu nabod, rhai do'n i ddim, chawson ni fawr o gyfle.

Mi fuodd 'na areithio, dawnsio, actio, nadroedd a chrocodeil (bach) ac mi ges fy ngwneud yn *Jikadiya Gbara* – llysgennad y pentre! Nid cweit yn *First Lady*, ond yn drydydd, mae'n debyg, a bu'n rhaid i mi ddawnsio efo'r ddwy arall – dwy ddynes mewn oed; gwragedd y penaethiaid dwi'n meddwl. Mi ges fy ngwisgo mewn dillad trymion chwilboeth a dwy het hurt ar fy mhen, ac ro'n i'n gwybod mod i'n edrych yn wirion – roedd wyneb Cheryl yn gwneud hynny'n eitha amlwg!

Mi ges i hefyd lwyth o anrhegion gan fy nghyn-ddisgyblion, sydd wedi dechrau cymdeithas 'Old Boys' yn sgîl fy ymweliad i. Ges i fat llawr crwn, lliwgar (sut goblyn ga'i hwnna i mewn i nghês?!), rhywbeth arall wedi'i wneud o Bida Brass, a ffan hyfryd. Mi gafodd y lleill ffan yr un hefyd, ond mae f'un i yn fwy crand, efo darnau o ledr drosto.

Roedd yr holl beth yn rhemp a hurt a boncyrs felly ches i'm cyfle i weld neb yn iawn na siarad efo nhw. Mi ges i sgwrs fer efo'r cyn-ddisgyblion yn yr hen ddosbarth Saesneg, ond dwi'n dal ddim yn hollol siŵr pwy oedd yno a phwy oedd ddim. Ro'n i'n falch iawn o weld Yakubu (ro'n i wedi drysu pan sgwennais i *Dyddiadur Gbara* a'i alw'n Audu), yr hogyn clyfra o ddigon, a do'n i'n synnu dim ei fod o'n wleidydd bellach. Sut fath o wleidydd, dwi'm yn siŵr. Mi wnes i nabod Yunusa'n syth – coblyn o gymeriad sy'n dal yn llawn hiwmor, a phrin wedi newid ers pan oedd o'n 14 oed. Roedd rhain i gyd o gwmpas y 35+ bellach, ond rhai'n edrych yn llawer iawn hŷn. Mi ges i siom nad oedd y brodyr Yahaya yno (y rhai oedd isio dysgu Cymraeg), mae'n debyg eu bod nhw i gyd yn blismyn yn Lagos rŵan, ac mae Godfrey D. Ebiama a Mohammed Zubairu yn byw yn bell i ffwrdd yn rhywle hefyd. Doedd y trefnwyr ddim wedi llwyddo i gysylltu efo pawb mewn pryd. Fel roedd hi, roedd y rhan fwya oedd yno wedi dod o Minna a Bida ac angen mynd yn ôl cyn iddi dywyllu gan fod y ffordd mor erchyll.

Felly dwi'n teimlo braidd yn rhwystredig wedi'r cwbl. Tasen nhw wedi gadael i mi ddod yma ddoe, mi fyswn i wedi gallu dod i'r ysgol ben bore a chael diwrnod cyfa efo nhw. Ond erbyn meddwl, mi fysa hynny wedi fy lladd i ... dwi'n hanner marw fel mae hi. Ond yn byrlymu hefyd. Rydan ni wedi trefnu bod Umar yn dod yn ei ôl i mi gael siarad yn iawn efo fo. O, ac mi roddodd Gogo (fu'n annerch y dorf!) amlen yn fy llaw: llythyr bach annwyl a llun o'r plant, gan na lwyddais i i'w gweld nhw i gyd.

Nefi, mae hi'n chwyslyd yn y stafell 'ma, ac mae'r bali rhwyd mosgito ar y ffenest yn pilio i ffwrdd, felly rydan ni wedi gorfod ei chau hi. Ond gan fod gynnon ni rwyd mosgito bob un yn hongian o'r to am ein matresi, mi fyddwn ni'n iawn. Gobeithio.

Y tîm yn eu lifrai newydd – a Solomon ein gyrrwr yn cyrcydu ar y chwith!

Sbïwch gyhyrau – a dim esgidiau!

Umar yn falch iawn o'i lyfrau.

Plant cynradd Gbara.

Mei efo plentyn ar bob bys.

Jibrin yn gwneud 'pap'.

Y dyn banana.

Mei yn cael cawod dan y sêr.

'Snap me!'

Dim byd wedi newid wrth yr afon.

Gorfod mynd â'r 'rubber ring' oherwydd iechyd a diogelwch . . . cywilydd.

Tawelwch ar afon Kaduna.

Pa siacedi achub?

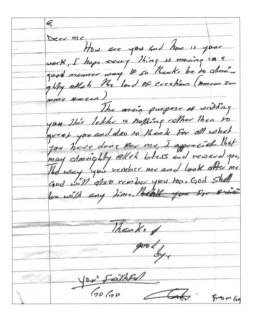

Llythyr Gogo.

Rhywun yn boblogaidd yma!

Y diwrnod y gadewais i Gbara nôl yn 1986.

Baba – fo oedd yn gyrru'r moto beic pan wnes i adael yn 1986!

Bala yn 1986.

Bala 23 mlynedd yn ddiweddarach.

Yr albino yn y gêm bêl-droed yn ceisio sefyll wrth ymyl pobl "yr un fath a fo".

Un o ferched tlws Gbara.

Mohammed â'r barcud.

Cheryl a fi yn ein gwisgoedd newydd.

Mae Mei yn edrych yn hyfryd mewn pinc, tydi?

Umar a'i deulu yn eu cartref ym Minna.

Jibril, mab 14 oed Umar.

Sister Mary, Eilish a Sister Cleophas (tua 1983)

Y cerdyn ffarwel wnes i i Katie.

'Gwên go iawn!'

Un o strydoedd Gbara.

Roedd yr hogan fach yma'n ein dilyn i bob man.

Merched Gbara efo blob gwyn yn y canol.

Fy hoff lun!

Dydd Sul, 11eg Hydref

Ychydig iawn o gwsg gafodd Cheryl a finna neithiwr. Roedd Victor yn chwyrnu fel arth drws nesa. Er gwaetha fy mhlwgiau clustiau, roedd y sŵn yn anhygoel.

Newyddion drwg pan ddaeth Mei o'i stafell – mae'r teclyn sy'n charjio batris y camera wedi malu. Mae'r pŵer sy'n dod o'r *generator* yn *'unregulated'* felly mae unrhyw *'spike'* (iaith Mei ydi hwn, hogyn o'r Wyddgrug ...) yn y pŵer yn mynd yn syth drwy'r offer. Roedd pŵer ansefydlog Nigeria eisoes wedi rhostio'r *'surge protector'* oedd gan Mei, felly doedd dim gobaith i'r *charger* druan neithiwr. 'Mae o wedi mynd i nefoedd drydanol ...' meddai gan ysgwyd ei ben. Ond be oedd yn fwy brawychus oedd bod y peth yn ei ddwylo eiliadau ynghynt ... fe allai'n dyn camera fod wedi ffarwelio efo ni hefyd! Mae'n siŵr na ddylwn i adael i'w fam o wybod am hynna. Fwy na ddylen ni adael iddi wybod bod ei mab yn gorfod camu dros wifrau byw, oedd yn cael eu stripio i lawr gan y trydanwyr lleol gyda'u dannedd!

Beth bynnag, does dim modd trwsio'r camera, felly mi fydd raid i ni fod yn hynod ofalus wrth ffilmio rŵan. Fiw i mi wneud camgymeriad wrth siarad mewn i'r camera, a fiw i Mei wastraffu amser yn ffilmio pethau na fyddwn ni'n eu defnyddio ar y rhaglen. Dim ond un batri llawn a dau hanner llawn sydd ar ôl. Mae gynnon ni gamera bach, ond dydi safon hwnnw ddim chwarter cystal ac os ydw i wedi dallt yn iawn, mae'r rheolau darlledu'n dweud mai dim ond 5% o unrhyw raglen gaiff fod yn y fformat hwnnw.

Gan wybod hynny, draw a ni bore 'ma at fy hen dŷ i. Roedd 'na olwg y diawl ar y lle. Doedd 'na neb yn byw ynddo fo am hir wedi i ni adael mae'n debyg, felly mae'r *termites* wedi cael gwledd a phob math o greaduriaid bychain eraill wedi cael llonydd i fwyta'r pren ac ati. Mae 'na ddisgyblion yn byw yno rŵan ond does 'na'm darn o ddodrefnyn yno, dim ond ambell fat raffia iddyn nhw gysgu arnyn nhw. Maen nhw'n gwneud bwyd drwy gynnau tân yn erbyn y wal yn y garej, lle roedd ein llyfrgell ni. Ac mae 'na ugeiniau wedi bod yn sgwennu ar y waliau. Pethau fel *'A time shall come when the forest will be too small for a lion to live in'* yn ogystal ag ambell frawddeg llai barddonol, fel '*I feel like fucking*'. Awdur y frawddeg gyntaf yn hogyn oedd yn teimlo ei fod o'n ormod o foi i bentref bach fel Gbara felly – yn union fel llawer iawn o Gymry ifanc cefn gwlad, mwn. Ac awdur yr ail un jest yn hogyn yn ei arddegau.

Tra'n ffilmio yn y tŷ, mi ddaeth tair dynes i 'ngweld i. Doedd gen i ddim syniad pwy oedden nhw i ddechre, ond wedyn, mi wnes i nabod wyneb Aishetu, ffrind Fatima, fu farw. Ac roedd ganddi lun rois i iddi cyn i mi adael, meddai hi, sef llun o ferched Blwyddyn 1 o flaen y garej. Ro'n i'n ei chofio'n iawn wedyn, ond beryg bod y merched wedi newid tipyn mwy na'r bechgyn; mae beichiogi sawl gwaith drosodd yn dangos ei ôl, debyg. Ychydig iawn o Saesneg sydd ganddi – fel Gogo, roedd hithau wedi gorfod gadael byd addysg wedi i mi adael. Ond mi ges fy nghyffwrdd go iawn ei bod hi wedi cadw'r llun 'na mor ofalus am bron i chwarter canrif. Ac wedi gweld, roedd y merched eraill yn y llun hwnnw hefyd ond does gen i ddim co' ohonyn nhw. Ac mae hynny'n gwneud i mi deimlo'n euog.

Rydan ni wedi trefnu i ffilmio Aishetu fory, yn ei chartref.

Wedi iddyn nhw adael, gawson ni lonydd i ffilmio eto, ac roedd eistedd lle fues i'n eistedd cymaint ers talwm, yn dechrau cyffwrdd rhywbeth rhyfedd ynof fi. Sbïo ar yr ardd lle fuon ni'n tyfu tomatos – a bwyta fawr ddim ohonyn nhw am fod pawb arall yn helpu eu hunain dragwyddol, damia nhw! Sbïo ar lle oedd fy ngwely a fy nesg lle fues i'n sgwennu cymaint o lythyrau – a'r dyddiaduron. Ac yna mynd i lofft Katie, a nefi, ges i fraw yn fan'no. Wrth wneud darn i gamera amdani, mi ddaeth 'na don o emosiwn drosta i. Mi wnes i lwyddo i gadw rhywfaint o reolaeth tra roedd y camera'n troi, ond wedyn, argol, mi fu'n rhaid i mi fynd allan o'r tŷ i gael bod ar fy mhen fy hun eto.

O gwmpas y pentre wedyn, lle roedd y plant yn heidio ar ein holau ni, a merched o bob oed yn ein dilyn i bob man. Roedd Mei wrth ei fodd yn cynhyrfu'r plant yn rhacs ar gyfer y camera ond wedyn yn methu dallt pam na fydden nhw'n diflannu unwaith roedd o wedi cael digon ohonyn nhw ... edrychodd Cheryl, Dyfrig a finnau ar ein gilydd ... roedd hi'n amlwg nad ydi Mei yn dad nac yn ewyrth ...

Mi fues i'n dangos rhai o fy hen luniau i bobol i weld pwy o'r plant a'r bobol oedd ynddyn nhw oedd yn dal yma. Roedd dau o'r hogia bach fu'n clirio fy ngardd bellach yn slaffiau mawr cry, ac roedd rhai o'r merched yn byw mewn pentre cyfagos neu wedi priodi a symud i Bida. Ac roedd ambell un yn siŵr eu bod nhw'n nabod yr hogyn bach fu'n fy nilyn i bob man jest cyn i mi adael yn 1986. Mae ei lun o yn *Dyddiadur Gbara* ac ro'n i'n meddwl mai Musa oedd ei enw o – ond do'n i'm yn siŵr chwaith.

Canŵio ar yr afon wedyn. Ro'n i'n bytheirio am fod y rheolau iechyd a diogelwch yn mynnu mod i'n cario *rubber ring* efo fi ... weles i rioed un o ganŵs Gbara yn troi drosodd – hyd yn oed efo dau foto beic ynddyn nhw! Ond er mwyn yr yswiriant, doedd gen i'm dewis. Mi wnes i ei stwffio o'r golwg dan un o'r seddi a setlo i gael fy nghludo'n hamddenol dros y Kaduna. Mi gododd hynny'r hiraeth mwya ofnadwy arna i. Do'n i wedi gwneud y daith hon ganwaith yn fy ieuenctid, ac wedi cael y pleser rhyfedda bob tro? Doedd y plant bach wedi nofio i nghyfarfod i, yn gweiddi 'Welcome, welcome' er eu bod yn fy nabod yn iawn? A rŵan, ro'n i isio crio eto fyth, dim ond wrth eistedd mewn canŵ!

Roedden ni wedi meddwl cerdded am sbel i ffilmio'r pyllau llaid ar y ffordd i Dancitagi, ond roedd yr haul yn prysur ddiflannu, ac unwaith mae hwnnw wedi mynd â chithau ar lan yr afon, mae'r mosgitos yn dod mewn heidiau mawr, poenus. A ph'un bynnag, roedden ni wedi blino. Ond mwya sydyn, dyma fotobeic yn cyrraedd o gyfeiriad Dancitagi a dyn trwsiadus ar y cefn. Teiliwr o Bida oedd o, ac roedd o wedi cael cyfarwyddyd i'n mesur ni i gyd. Be goblyn?! Ali Mohammed oedd y tu ôl i hyn mae'n debyg ... mae'n debyg ei fod o am i ni i gyd gael gwisgoedd Nigeriaidd cyn i ni fynd adre! Ew, dwi'n edrych ymlaen – dwi'n dal i ddifaru na ches i wisg gall, fenywaidd wedi ei gwneud i mi yma 25 mlynedd yn ôl. *Riga*, gwisg dyn ges i bryd hynny, allan o ddefnydd arian sgleiniog oedd yn gwneud i mi edrych fel rhywun o'r gofod. Ia wel, roedd yr 80au yn llawn camgymeriadau ffasiwn.

Erbyn i ni ddringo'n ôl i fyny'r allt am y pentre, roedd Dyfrig braidd yn wantan. Mae'r oriau hir yn y gwres tanbaid 'ma'n ormod iddo fo dwi'n meddwl. A thra roedd o'n eistedd y tu allan i dŷ Aishetu, yn edrych yn welw, daeth dyn ato fo ac awgrymu ei fod o'n bwyta banana. Mi driodd Dyfrig wrthod, ond mi fynnodd y dyn yn garedig ei fod o'n ei bwyta.

Doedd Dyfrig ddim yr un un wedyn – yr egni a'r siwgr gafodd o o'r banana yn un rheswm, ond roedd o hefyd wedi gwirioni bod y dyn 'ma wedi bod mor sylwgar a charedig. Ia, fel'na maen nhw ffordd yma. Unwaith eto, mae'r straeon am ddynion drwg Nigeria yn cael eu chwalu.

Gawson ni law heno felly mae'r gwres yn llawer llai llethol rŵan – a llai o bryfed hefyd. Tro Victor oedd hi i wneud swper, ac mi wnaeth *Jollof Rice* hyfryd iawn i ni. Yn anffodus, roedd o wedi taflu darnau o'r cyw iâr gawson ni gan Ali i mewn iddo fo hefyd. 'Ym, mae Mei yn lysieuwr, Victor ...' Dwi'n meddwl ei fod o wedi meddwl mai osgoi cig coch mae llysieuwyr. Beth bynnag – a dydi Mei ddim yn gwybod hyn – tan rŵan, fel mae o'n ei ddarllen – sori Mei! – mi dynnon ni bob darn o gyw iâr allan o'r gymysgedd a dweud dim, neu dim ond rhywbeth fel bechdan banana fyddai'r creadur wedi ei gael. Ac mi gyhoeddodd Mei ei fod o'n bryd hynod flasus ... ffiw!

Dydd Llun, 12fed Hydref

Uffernol o boeth a chwyslyd. Mae Steve newydd weiddi o'i hamoc ei bod hi'n 31 gradd – am 10.30 y nos! Roedd 'na gymaint o bryfed heno, mi fu'n rhaid i ni i gyd wisgo'n debyg iawn i Arabiaid, yn sgarffiau dros ein pennau. Wel, pawb ond y Nigeriaid, sy'n meddwl ein bod ni i gyd yn hurt bost. Ac roedd Victor wedi gadael ei ffenest yn agored felly roedd ein llofft ni'n llawn o bali pryfed! Wedi bod yn chwistrellu stwff lladd pryfed nes rydan ni'n dwy bron a nogio efo'r ffiwms.

I'r ysgol bore 'ma. Roedden ni wedi codi'n gynnar er mwyn bod yno erbyn 7.30 ond er fod 'na dipyn o blant o gwmpas, gawson ni wybod na fyddai'r Prifathro yn cyrraedd tan tua 9.00. Rhyw 9.30 oedd hi'n y diwedd, pan gyrhaeddodd o ar gefn moto beic o Dancitagi. Ers talwm, byddai'r staff i gyd yn byw yn Gbara, ond erbyn heddiw, teithio i mewn o Bida maen nhw bron i gyd.

Y peth cynta oedd y Gwasanaeth Boreol, a phawb yn sefyll mewn rhesi yn nhrefn y dosbarthiadau i ganu'r anthem genedlaethol yn y dull aflafar arferol. Dyma eiriau'r bennill gyntaf:

Arise, O compatriots,
Nigeria's call obey
To serve our fatherland
With love and strength and faith
The labour of our heroes past
Shall never be in vain
To serve with heart and might
One nation bound in freedom,
Peace and unity.

Wedyn, erbyn heddiw, mae pawb yn cydadrodd y canlynol:

I pledge to Nigeria my country
To be faithful, loyal and honest
To serve Nigeria with all my strength

To defend her unity and uphold her honour and glory
So help me God.

Do'n i'n cofio dim am eu dull o glapio, sef 1,2 – 1,2,3 – 1. Taclus a militaraidd iawn. Ac roedd 'na gryn dipyn o glapio pan ddangosais i'r cit pêl-droed iddyn nhw. Roedden nhw'n amlwg wedi gwirioni. O gwmpas y gwahanol ddosbarthiadau wedyn, yn rhannu'r pethau eraill gawson ni gan ddisgyblion Ysgol y Gader a gweisg Cymru: meicrosgop, posteri, cyfrifianellau, llyfrau ac ati. Dwi'n eitha siŵr y bydd yr athro gwyddoniaeth yn gwneud defnydd da o'r posteri, roedd o'n amlwg yn chwip o athro da. Ond ddeallais i'r un gair o be oedd yr athro mathemateg yn ei ddweud. Ro'n i'n meddwl mai fy nhwpdra i oedd o, ond erbyn holi, doedd 'run o'r lleill yn dallt chwaith.

Roedd 'na ferch neu ddwy ym mhob dosbarth, ond yn gwisgo *hijabs* gwynion dros eu gwisg ysgol. Gwisgo eu dillad bob dydd oedd y rhan fwya o ferched yn fy amser i; doedd 'na'm pwynt gwario ar wisg ysgol i ferched ...

Ymlaen i'r dosbarth Saesneg, lle ro'n i wedi cynnig rhoi gwers. Rŵan, dwi'm wedi rhoi gwers Saesneg i neb ers 1986. Ac ro'n i'n mynd i orfod gwneud hynny ar gamera. Camera oedd heb ddigon o fatris i mi fedru dweud 'Sori, ga'i gychwyn eto?' O'n, ro'n i fymryn yn nerfus. Ond mae cachu brics yn nes ati a bod yn onest. Doedd gen i'm syniad be oedd safon y disgyblion, doedd gen i'm syniad be oedd dull yr athro arferol a doedd gen i'm syniad a fydden nhw'n fy neall i. Ara bach a bob yn dipyn oedd hi nôl yn 1984, a dim ond un wers oedd gen i fan hyn.

Mi rois i'r llyfrau Saesneg ro'n i wedi eu cael gan Wasg Gomer a'r Lolfa iddyn nhw yn gynta, wedyn dangos y poster (drud!) ro'n i wedi ei gael drwy'r we oedd yn dangos y gwahaniaeth rhwng *'there'*, *'their'* a *'they're'*. Ro'n i'n eitha siŵr y byddai disgyblion Gbara yn dal i gael trafferthion efo pethau felly. Felly dyma fynd ati i ddysgu. Roedden nhw'n gyndyn iawn i ateb fy nghwestiynau i ddechrau, ond yn ara bach, roedden nhw'n ennill hyder ac yn dangos eu bod nhw'n deall. Wel, rhai ohonyn nhw o leia. Ymlaen â fi wedyn i rannu'r taflenni gwaith ro'n i wedi eu paratoi ar y cyfrifiadur adre a chael ffrind i'w lamineiddio yn y gwaith. Dwi'm yn dweud pa ffrind na pha waith! Taflenni syml i wella eu geirfa ac i'w helpu i sgwennu stori oedden nhw: sut i ddechrau stori, sut i ddechrau brawddegau newydd amrywiol (*suddenly, eventually, unfortunately* ayyb), sut i ddisgrifio sut oedden nhw'n teimlo (*disappointed, miserable, ecstatic, scared* ayyb), a geiriau gwell na *said* fel *yelled, whispered, screamed* ac ati. Doedd 'na'm amser iddyn nhw fynd ati i sgwennu stori wedyn, ond aethon ni drwy'r rhan fwya o'r daflen. Bu'n rhaid i Mei roi'r gorau i ffilmio am sbel i arbed y batris, ond ar ddiwedd y wers ro'n i'n hedfan ac yn gwenu fel giât hynod lydan. Roedd y dosbarth hefyd, diolch byth! Oedd, roedd yr hen wefr o ddysgu wedi cydio ynof fi go iawn ac mi fyswn i wedi bod wrth fy modd yn dal ati – ond yma i wneud rhaglen ydw i, nid i ddysgu. A ph'un bynnag, ro'n i wedi blino ar ôl yr holl actio a neidio o gwmpas y dosbarth. Dwi'm yn fy ugeiniau bellach wedi'r cwbl ... ond nefi, mi wnes i fwynhau fy hun.

Nôl â ni i'r gwersyll am ginio a gorffwys. Roedd y gwres yn llethol erbyn hyn. Mi wnes i salad ffrwythau efo paw paw a leim ac roedd o'n hyfryd. Mae paw paw (*papaya* yn Ne America) yn iawn ar ei ben ei hun, ond efo sudd leim, mae'n fendigedig.

Yn y pnawn, draw â ni i dŷ Aishetu, ac roedd hi fel ffair yno! Ac unai mae hwn yn *gompound* mawr, neu roedd hanner y pentre wedi dod i fusnesa. Roedd y merched yn golchi a sychu dillad, malu corn neu sychu hadau nes i ni gyrraedd; gwylio be oedd yn mynd 'mlaen oedden nhw wedyn – ac nid o bellter. Dydi'r busnes 'gofod personol' ddim yr un fath o gwbl yma; mae pobol yn berffaith hapus i fod yn sownd yn ei gilydd – ac ynoch chi.

Felly pan ro'n i'n holi Aishetu pa rai o'r plant oedd yn perthyn iddi hi, nes i ddrysu'n rhacs. Ro'n i'n meddwl bod y ferch fach wrth fy ochr i yn ferch iddi hi felly mi gafodd ddau o dopiau Meg, fy nith, ac mi gafodd hogyn bach arall un o dopiau Daniel. Ond nid ei phlant hi oedden nhw yn y diwedd – ond mae'n siŵr eu bod nhw'n perthyn yn o agos beth bynnag. Chwiorydd a chwiorydd-yng-nghyfraith sy'n tueddu i fyw yn yr un *compound* – ond does 'na'm dal hyd y gwela i!

Gawson ni goblyn o hwyl yn tynnu llun a'i argraffu'n syth ar ryw declyn roedd Mei wedi ei brynu yn rhywle am ryw £20. Dim ond llun bach oedd o, ond roedd Aishetu a'r plant wedi gwirioni. 'La elai!' ydi'r ebychiad arferol pan mae rhywbeth yn eu synnu. Roedd hi'n amlwg hefyd bod Aishetu wedi gwirioni 'mod i yn ei chartre hi; roedd ei llygaid hi dan deimlad, bechod. Ac roedden nhw i gyd wrth eu bodd efo'r dillad a'r teganau a'r cylchgronau pêl-droed. A finna wrth fy modd yn gallu tynnu lluniau er mwyn eu dangos i Meg, Robin a Daniel ar ôl mynd adre. Rois i ddwy wisg ges i gan Lowri, merch fy ffrind Luned i ddwy yn eu harddegau hefyd, cyn deall mai dilledyn plentyn tua 8 oed oedd un ohonyn nhw! Ond mi fydd Lowri'n falch o'r lluniau dynnes i: dydi rhoi dillad i Oxfam neu'r Groes Goch ddim cweit yr un fath nacdi, does ganddoch chi'm syniad pwy fydd yn eu cael yn y pen draw.

Aeth Aishetu reit dawel pan rois i gopi o *Dyddiadur Gbara* iddi. Ia, dwi'n gwybod mai llyfr Cymraeg ydi o ond fyddai hi ddim yn gallu darllen llawer o'r Saesneg beth bynnag. Y peth ydi, mae ei llun hi ar y clawr blaen, a dwi'n meddwl bod hynny wedi ei chyffwrdd. Ac mae'n ddigon posib na roddodd neb lyfr iddi o'r blaen.

Pan gyrhaeddodd mab hynaf Aishetu, ro'n i'n ei nabod! Roedd o'n un o'r criw gafodd wers Saesneg gen i bore 'ma!

Am 4.00, bu'n rhaid gadael a mynd i'r cae pêl-droed gan fod yr ysgol wedi trefnu gêm arbennig i ddangos y crysau. Ond am gae ... roedd hi'n amlwg bod y pentre wedi bod yn brysur efo'u *machetes* yn torri'r gwair, ond doedd o'm yn wastad a dweud y lleia, ac roedd y gwair dan draed yn galed a phigog. A darnau byr o bren wedi eu hoelio at ei gilydd oedd y pyst. Roedden nhw wedi gosod baner Nigeria a baner Cymru i chwifio ar byst drws nesa i'w gilydd, chwarae teg. Yn anffodus, roedd y Ddraig Goch ar ei phen i lawr ond doedden ni'm yn licio dweud.

Roedd 'na dorf wedi dechrau hel, ond mae'n debyg eu bod nhw wedi cael trafferth dod o hyd i chwaraewyr. Er ei bod hi'n fis Hydref, tydi chwarter yr ysgol ddim wedi troi i fyny i'r gwersi eto. Ia, fel hyn oedd hi ers talwm hefyd. Mae helpu'r teulu ar y ffermydd yn bwysicach, ac wedi i bob dim gael ei gynaeafu y down nhw'n ara bach a bob yn dipyn – tua diwedd y tymor. Dyna pam fod 'na gyn lleied yn y dosbarth Saesneg bore ma.

Bu'n rhaid tynnu llwyth o luniau cyn i'r gêm ddechrau, efo fi yn bob un, bron. Ro'n i'n teimlo fel priodferch ar ddiwrnod ei phriodas, a 'ngheg i'n brifo ar ôl gorfod gwenu cymaint – er fod ambell fachgen ysgol oedd yn tynnu llun efo'i ffôn symudol yn fy ngorchymyn i beidio gwenu. Mae'n rhaid i bawb edrych yn ddifrifol mewn lluniau – yn union fel lluniau'n cyn-deidiau yn nyddiau cynnar y camera erbyn meddwl. Does 'na neb yn gwenu yn rheiny chwaith nagoes?

Daethpwyd a dwy ddesg a chadeiriau i mi gael eistedd i wylio'r gêm. Eisteddodd Steve wrth fy ochr; roedd yntau'n haeddu 'chydig o adloniant ar ôl bod yn tyllu'r *pit latrine* a gosod y gawod a chael trefn yn ôl yn y gwersyll, chwarae teg. Roedd hi'n bump ar y gêm yn dechrau, a hynny heb dimau llawn. Roedd yr ysgol yn y cit newydd wrth reswm (rhai efo sgidiau, ond y rhan fwya yn droednoeth), a hogia'r pentre mewn cit piws. A'r rheiny sgoriodd gynta. A dyna pryd sylwais i fod 'na foi go hen yr olwg yn chwarae i'r ysgol – Solomon, un o'n gyrwyr ni oedd o! Roedd o'n chwaraewr reit dda hefyd. Ond roedd chwaraewyr y pentre'n well a dyma bêl arall yn hedfan heibio'r gôl-geidwad efo 'Ysgol y Gader' ar ei grys. 0-2. O diar.

Roedd yr ysgol yn gwneud eu gorau glas i sgorio a'r dorf fawr y tu ôl iddyn nhw bob cam. Ond roedd hi'n berffaith amlwg bod y dyfarnwr y tu ôl iddyn nhw hefyd ac yn rhoi ciciau cosb bob munud. Ond gwneud smonach ohoni oedd yr hogia bob tro! Aeth yr ail hanner yn rhyfeddol o hir; roedd yr haul yn diflannu a'r dyfarnwr yn dal i fynnu bod 'na hen ddigon o amser ar ôl. Ro'n i'n giglan erbyn hyn. Roedd y dorf yn rowlio chwerthin hefyd; pawb yn gwybod be oedd yn mynd ymlaen a neb yn fodlon cyfadde hynny'n uchel! A doedd tîm y pentre ddim yn fodlon chwarae'n sâl chwaith, chwarae teg iddyn nhw. Roedd 'na foi mewn cap *baseball* wedi bod yn gwylio'r gêm wrth fy ochr – tipyn o gês oedd yn siarad Saesneg fel rhywbeth allan o *Boyz n the Hood*. Roedd o wedi bod yn gweiddi ar gapten yr ysgol, a rŵan, dyma hwnnw'n rhoi mewn a gadael iddo ddod ymlaen i chwarae. Mi drodd yn ôl i fy sicrhau y byddai'n fy ngwneud yn hapus ... A diawch, mi wnaeth wahaniaeth yn syth – mi sgoriodd yr ysgol (ond nid y fo, er mai fo roddodd y bas i gyfeiriad y gôl) – rhu o gymeradwyaeth!1-2.

O fewn pum munud, roedden nhw wedi sgorio eto, 2-2. Iawn, ro'n i wir yn meddwl y byddai pawb yn hapus efo'r sgôr hwnnw. Ond na, rhaid oedd dal ati. Roedd yn rhaid i'r crysau newydd gael eu bedyddio efo buddugoliaeth! O fewn dim, roedd boi y cap *baseball* wedi saethu'r bêl i gornel y rhwyd, ac aeth pawb yn hollol, gwbl bananas! Mi redodd hwnnw ata i, wedi gwirioni'n rhacs – 'I told you I would score! I told you!'

Wedyn roedd pawb isio mwy o luniau efo fi: 'I snap you', 'Snap with me', nes ro'n i'n gweld y bliws eto. Ro'n i wrthi'n trio dianc pan ddaeth Victor ata i wedi cynhyrfu'n lân. 'The little boy! He is here!' meddai. Y? Pa fachgen bach? Doedd gen i'm syniad am bwy roedd o'n sôn. 'The little boy in the book! He is in the book!' meddai wedyn, bron yn bownsio. Arweiniodd fi at goed wrth ymyl y car, a dyna lle roedd dyn ifanc go fyr mewn fest gwyn a gwyrdd. Mi ddechreuodd Mei ffilmio hyn yn syth ... Roedd y dyn wedi gweld copi o *Dyddiadur Gbara* a nabod ei hun yn blentyn. Fo oedd y bachgen bach mewn glas ddiwrnod y gêm bêl-droed i ffarwelio efo fi! A nefi wen, Bala oedd ei enw o! Mi fyddech chi wedi disgwyl i mi gofio'r enw hwnnw, ond chwarae teg, roedd 'na gymaint yn digwydd pan ro'n i'n gadael, mi fethis i sgwennu bob dim i lawr yn fy nyddiadur, a chydig iawn o anturiaethau 1986 dwi'n eu cofio os nad oedden nhw yn y dyddiadur neu mewn llythyr.

Mi fyswn i wedi licio cael mwy o sgwrs efo Bala, gan mae'n debyg mai meddyg ydi o; nid meddyg fel rydan ni'n meddwl am feddyg, ond math o ddyn hysbys, sy'n trin anhwylderau efo planhigion a hen, hen feddyginiaethau Nupe. Drapia! Ond doedd gynnon ni mo'r amser (na'r golau na'r batris – na'r egni a bod yn onest) i ffilmio sgwrs efo fo. A ches i'm cyfle i gael sgwrs efo fo heb y camera chwaith. O wel. Dwi'n lwcus mod i wedi cael ei weld o eto o gwbl.

Mae hi'n 4.30 y bore rŵan a dwi'n methu cysgu. Mae 'nhrwyn i wedi bod yn rhedeg drwy'r nos a dwi wedi bod yn tisian fel peth gwirion – a deffro Cheryl druan. Ond mae hi'n cysgu eto rŵan dwi'n meddwl; o leia dwi'n gobeithio ei bod hi, y greadures. Mae hi angen noson dda o gwsg i fedru cario'r offer sain trwm 'na drwy'r dydd mewn ffasiwn wres. Does gen i ddim annwyd felly dwi'm yn siŵr be sy'n bod efo fi. Alergedd o ryw fath i rywbeth? Y stwff lladd pryfed 'na efallai.

Newydd gofio bod Yahaya, yr athro ifanc sy'n gofalu amdanon ni yma, wedi dweud nad ydi Gbara yn '*punishment post*' bellach. Dyna oedd o pan ro'n i yma: rhywle i yrru athrawon oedd wedi cambihafio mewn rhyw ffordd mewn ysgolion eraill. Roedd eu gyrru i ganol nunlle, i rywle heb drydan na dŵr tap, oedd yn daith hirfaith i'r dref agosaf i fod i ddysgu gwers iddyn nhw! Cyfaddefodd Yahaya ei fod o wedi dweud 'Oh God, who have I offended for them to send me here?' pan gafodd o'i yrru yma gyntaf. Ond mae o a'r athrawon eraill wedi setlo'n hapus iawn yma rŵan; maen nhw'n griw gweithgar sy'n amlwg yn falch iawn o'r ysgol a'r disgyblion.

Bore Mercher, 14eg Hydref

Mae hi'n tresio bwrw, bwrw go iawn fel tase hi 'rioed wedi bwrw yma o'r blaen. Ond rydan ni wedi llwyddo i wneud brecwast bendigedig unwaith eto: crempog! Mei oedd y cogydd, ond gan nad ydi o wedi gwneud crempog o'r blaen, roedd Steve a finna yn rhoi cyngor iddo fo, cyngor cwbl wahanol oedd yn siŵr o fod yn gwneud pen Mei i mewn ond dyna ni. A fi gafodd y syniad o'u stwytho mewn sudd oren a siwgr er mwyn gwneud *crêpes suzette* – o ryw fath. Ac roedden nhw'n wirioneddol flasus.

Heddiw, fel sawl bore arall, roedd 'na giw o bobol tu allan i'r stafell yn aros i mi ddeffro. Mae hynny'n gallu bod yn boen gan mod i fel arfer jest a bystio isio pi pi cyn gallu cynnal sgwrs efo neb. Felly, wedi brysio i'r *pit latrine* yn y cefn (a golchi 'nwylo wrth gwrs), dwi'n dod nôl i ddweud helo a bore da wrth bawb. Roedd y dyn oedd yn gyrru'r beic modur aeth â fi o Gbara am y tro olaf yn 1986 yn disgwyl amdana i heddiw – a ddoe. Roedd ganddo lond gwlad o *sweet potatoes* i mi heddiw, *sugar cane* a *kooli kooli* oedd hi ddoe. Mae pawb mor glên; ddaeth Aishetu â hanner tunnell o fananas i ni ddoe hefyd. Baba ydi enw'r gyrrwr moto beic, a dydi o'm wedi newid llawer ers 1986. Mae ei lun o'n y llyfr, yn gwenu fel giât, ond dydi hel atgofion efo fo ddim yn hawdd gan fod ei Saesneg yn brin iawn. Roedd ei deulu'n rhy dlawd i'w yrru i'r ysgol medda fo. Felly rois i gopi o *Dyddiadur Gbara* iddo fo, copi o'r llun gwreiddiol a chwpwl o bethe bach i'w blant o – ffrog, teganau ac ati.

Ddoe, mi fuon ni'n ffilmio'n ôl yn yr ysgol ac o gwmpas yr hen lyfrgell/garej nes i Umar gyrraedd yn ei fan wen grand efo cyfaill o Mokwa. Mi fuon ni'n ffilmio'r ddau ohonon ni'n hel atgofion, darllen hen lythyrau ac ati, ac roedd pob dim yn ddigon hwyliog. Ond wedyn, a'r ddau ohonon ni'n eistedd ar gefn dau foto beic (does 'na'm llawer o feinciau cyhoeddus yn Gbara), mi ddechreuodd adrodd hanes ei fywyd, o'r cyfnod cyn i mi gyrraedd Gbara ac wedi i mi adael, a gwneud i mi grio fel babi. Do'n i unai ddim wedi dallt neu ddim yn cofio bod ei fam wedi marw pan oedd o'n hogyn bach, ond roedd ei dad yn byw a gweithio'n bell i ffwrdd yn rhywle, felly ei ewyrth fu'n gofalu amdano. Ond mae'n debyg nad oedd o'n rhoi llawer o ofal i'r Umar ifanc; a dweud y gwir, yn ôl Umar, roedd o'n gas efo fo, cas iawn ar adegau.

Jest cyn fy nghyfnod i yn Gbara, byddai Umar yn cerdded 20 km i'r ysgol bob nos Sul ac yn rhannu un stafell mewn cwt mwd efo 12 o fechgyn eraill yn ystod yr wythnos. Roedd gan rai o'r bechgyn hynny fatresi ond dim ond mat tenau oedd ganddo fo. Roedd o'n wirioneddol dlawd, a phan ddechreuais i roi pres neu fwyd neu lyfrau iddo fo, fel tâl am fy helpu o gwmpas y tŷ, roedd o'n hynod ddiolchgar. Mae'n debyg 'mod i hyd yn oed wedi rhoi pâr o jîns iddo fo, ond dwi'n cofio dim am hynny a bod yn onest. Ac ar y pryd, do'n i ddim yn sylweddoli pa mor hynod o anghenus oedd o, a chymaint roedd o'n dibynnu arna i. Mi ddywedodd 'mod i fel mam iddo fo, '... because I had lost my mother and I now saw you as my mother then, to take care of me; you also left Nigeria back to Wales, who do I have again?' Roedd clywed hynny yn sioc a dweud y lleia, a dwi'n meddwl mai'r gymysgedd o euogrwydd am ei adael, yr euogrwydd mod i ddim wedi sylweddoli ei fod o'n meddwl amdana i fel mam iddo fo, yn ogystal â'r balchder – a'r braw 'mod i wedi golygu cymaint iddo fo wnaeth i'r dagrau ddechrau cronni. Roedd o fel cael fy waldio efo gordd. Ond roedd 'na fwy ...

Bu'n rhaid iddo fo adael yr ysgol wedi i mi adael. Doedd ganddo mo'r pres i brynu bwyd heb sôn am lyfrau, felly bu'n rhaid chwilio am waith yn Bida. Mi fu'n labro am rai blynyddoedd, ac yna, llwyddo i logi neu brynu moto beic a gweithio fel gyrrwr tacsi moto beic. Ond mi gafodd ddamwain erchyll. Cafodd ei frawd ei ladd ac mi dorrodd Umar bron bob asgwrn yn ei gorff. Mi ddangosodd y ffordd mae rhai o'r esgyrn hynny wedi asio'n gam. Meddyg traddodiadol fu'n ei drin, ac roedd hwnnw wedi mynnu ei fod yn gorwedd ar wastad ei gefn am flwyddyn a hanner. Mi ddaeth ato'i hun wedyn a dechrau labro eto, gan gysgu mewn hen gytiau, rhai heb do arnyn nhw. A dyna pryd y newidiodd ei lwc o'r diwedd.

Roedden nhw'n labro yn rhywle, pan ddaeth dynes, gwraig y dyn oedd yn eu cyflogi am wn i, draw un bore i hel eu henwau, a phan welodd hi Umar yn arwyddo ei enw ar y papur, mae'n siŵr bod ei ysgrifen daclus, hyfryd, wedi ei synnu. Rydach chi'n gallu dweud cryn dipyn o lawysgrifen rhywun wedi'r cwbl. 'Ah, you are an educated person?' meddai honno yn syth. Ac wedi sgwrsio mwy efo fo, mi drefnodd gyfweliad iddo fo yn yr Inter City Bank, oedd yn chwilio am glerciaid newydd. Mi gafodd y swydd ac mi fu'n gweithio'n fan'no am dros wyth mlynedd, nes ei fod yn gallu mynd yn ôl i'r coleg lle'r enillodd o dystysgrif mewn addysg. Aeth o yn ei flaen i fyd gwleidyddiaeth wedyn, a rŵan mae o'n uchel yn Swyddfa'r Sir, yn gynghorydd o ryw fath, gyda dau dŷ, tair gwraig ac wyth o blant. 'God also blessed me with my own private car, Honda Accord.' Mae o hyd yn oed wedi gallu talu chwarter miliwn naira i yrru ei ewyrth (ia, yr un fu'n gas efo fo) i Mecca.

Felly mae o wedi llwyddo. Dwi mor falch drosto fo. Ac mae o wedi tyfu i fod yn ddyn hawddgar, annwyl, hynod glên. Ond fo sydd wedi fy rhoi i yn y sefyllfa mwya ofnadwy hyd yma! Mwya sydyn, heb rybudd yn y byd, mi ofynnodd i mi fynd a'i fab 14 oed adre i Gymru efo fi. O'r uwd. Ro'n i'n hynod ymwybodol bod hynny yn fraint fawr; fysech chi'n rhoi eich plentyn 14 oed i ddynes dydach chi'm wedi ei gweld ers chwarter canrif?! Ond sut mae egluro pam nad ydi hi'n hawdd iawn i mi ofalu am ei blentyn o? Dwi'n cael trafferth edrych ar ôl fy nghi, neno'r tad. Tydw i'n gorfod ei rhoi i Mam ofalu amdani dragwyddol? Ac wrth gwrs, mae o'n meddwl mod i'n drewi o bres. Wel, dwi'n gweithio yn y byd teledu tydw? Sens yn dweud. Sut fedra'i egluro nad ydi teledu Cymru (yn yr oes ddigidol o leia) ddim yr un fath â byd teledu Prydain – o bell ffordd? Dwi'n dal i aros am stafell molchi gall, a wardrob ydi fy stafell sbâr i!

Nefi, ro'n i mewn picil. Dwi wedi rhyw hanner addo trio ei helpu i fynd i brifysgol yng Nghymru ond dwi'm yn siŵr pa mor realistig ydi hynny. Dwi'n trio helpu rhywfaint ar fy nithoedd fel mae hi, ac mae'n hurt o ddrud i'r rheiny fod yn fyfyrwyr, heb sôn am rywun o dramor. Efallai y galla i ddechrau rhyw fath o gronfa neu rywbeth. Ond wedyn, mae 'na gymaint o blant eraill mewn mwy o angen na mab Umar. Ac os dwi'n helpu plentyn un o fy nghyn-ddisgyblion, sut alla i wrthod un o'r lleill – neu rip ohonyn nhw?! O hec. Dwi wedi landio fy hun mewn cawl go iawn rŵan.

Ta waeth, pan ddaeth hi'n amser ffarwelio efo Umar, mi ddechreuodd o araith hir, emosiynol, a methu siarad ar ei hanner. 'I am short of words,' meddai, gan frwydro i gadw'r dagrau'n ôl. Wel, ro'n i eisoes yn llanast. Rois i goflaid iddo fo, a dweud y byddwn yn ei weld eto. Mi aeth am y bws gwyn efo'i gyfaill, ac mi welais o'n rhoi ei ben yn ei ddwylo i grio fel babi. Ac i ffwrdd a fo. Edrychais ar Cheryl – roedd hitha'n crio – eto – ro'n i wedi sylwi bod 'na ddagrau yn powlio yn ystod y sgwrs ar y moto beics. Roedd pawb wrthi rŵan. Dwi'n eitha siŵr bod Mei hefyd, ond roedd y camera'n cuddio ei lygaid o doedd?

Ro'n i'n teimlo fel cadach llestri wedyn, ond *'the show must go on'* ac roedd Mei isio ffilmio fy ymateb i hyn i gyd yn ôl yn y gwersyll. Felly, dan yr haul tanbaid, a Saheed yn dal *reflector* (rhyw declyn crwn i daflu golau i mewn i fy wyneb i) mi fues i'n eistedd ar focs plastig yn cael fy holi'n dwll – eto. Ac wrth gwrs, mi wnes i grio drwy'r cwbl. Ond llwyddo i gadw rhag ei cholli hi'n llwyr. Wel, i raddau. Dwi'n gobeithio na fyddan nhw'n dangos y darnau pan ro'n i ar fin udo.

Pan ges i hoe i yfed dŵr a thrio cael rhyw fath o reolaeth drosta' fy hun, edrychodd Saheed ar Mei fel hogyn bach, a gofyn: 'Mr Mei, please stop making her cry ...' Ngwas annwyl i! Mae o'n casàu fy ngweld i'n crio ac mae o'n methu dallt pam fod y criw fel tasen nhw'n mynd ati i wneud i mi grio o hyd. Y gwir amdani ydi nad oes raid iddyn nhw drio, mae pob dim sy'n digwydd yn y lle 'ma ers y cychwyn cynta jest wedi bod fel troi tap ymlaen. Ond mae'r gyrwyr sydd efo ni'n dal i feddwl mai ar Mei mae'r bai. Ac wedi cael fy holi ganddo fel'na, dwi'n aml yn teimlo fel rhoi slap iddo fo. Gan wybod nad oes ganddo fo ddewis mewn gwirionedd, ond dwi'n dal isio hitio rhywun neu rhywbeth ar ôl cael fy rhoi drwy'r mangl. A dwi'n gwybod ei fod o'n teimlo'n euog am y peth. A finna'n mynd ati i wneud iddo fo deimlo'n euog wrth gwrs.

Pan benderfynodd Mei ei fod o'n hapus efo'r hyn oedd ganddo fo, mi wnes i grio go iawn. Udo. Ac udo am oriau wedyn hefyd, jest methu stopio. Mi gafodd Victor alwad ffôn gan Umar ar ôl swper i ddweud ei fod wedi cyrraedd Minna yn ddiogel. Roedd o isio siarad efo fi ond wedyn mi newidiodd ei feddwl; roedd o isio cael trefn ar ei emosiynau cyn siarad efo fi eto, y creadur. Beryg ei fod o wedi bod yn yr un stâd â fi.

Amser cinio

Wedi bod yn yr ysgol gynradd drwy'r bore. Roedd y llyfr mawr *Handa's Surprise* ges i drwy'r we yn llwyddiant pendant. Do'n i'm isio dod â llyfr amherthnasol i'w bywydau nhw a phan welais i lyfr am hogan fach o Affrica (dwyrain Affrica, nid y gorllewin, dwi'm yn dweud, ond mae'n well na llyfr arall am blant bach gwyn o Ewrop), ro'n i wedi cynhyrfu'n lân. Ac roedd y plant fan hyn yn gyfarwydd â'r rhan fwya o'r ffrwythau ynddo – heblaw y *tangerines*. Ond fe ddaw rheiny i'r pen yma o'r byd toc, garantîd. Os oes 'na afalau a melons dŵr wedi cyrraedd, fydd *tangerines* ddim yn bell.

Dwi'm yn meddwl bod y plant na'r athrawon wedi gweld llyfr darllen mawr, lliwgar fel yna o'r blaen. A dwi'n bell o fod yn arbenigwraig ar ddarllen stori i blant cynradd, ond nes i'n weddol, ac mi fydd yr athrawon fan hyn yn gallu ei ddefnyddio am flynyddoedd, siawns. Rois i gopi llai a chardiau fflach iddyn nhw hefyd (eto wedi eu prynu drwy'r we), ac mi gawson nhw hefyd fap o'r byd a phapur a phensiliau roedd Dyfrig, Mei a Cheryl wedi stwffio'n eu cêsus cyn dod yma.

Yna, mi wnes i ddangos y ffilm wnes i efo fy ffôn symudol o Meg a Robin yn cyfarch plant Gbara. Roedd Mei a Victor wedi llwyddo i'w lwytho ar y *laptop* rhywsut, a Cheryl wedi dod â *speakers* bychain, felly roedd y dosbarth i gyd yn gallu eu clywed yn eitha da. Doedd y plant bach 'na erioed wedi gweld plant bach gwyn o'r blaen (does 'na'm teledu yma nagoes) ac roedd eu hwynebau nhw'n bictiwr. Ac roedden nhw wrth eu bodd yn clywed y ddau yn trio siarad Nupe!

Yr hwyl mwya eto wedyn: trio dysgu *Dawns y Glaw* gan Anweledig iddyn nhw, er, fel 'Wai o, wai o' mae nifer o bobol yn nabod y gân honno. Fi gafodd y syniad o wneud hyn am fod Meg a Robin – a rŵan Cadi Fflur, fy ngor-nith(!) – wastad wrth eu bodd yn clywed a chanu'r gân yna yn fy nghar i (a dweud y gwir, dwi wedi chwarae'r CD yna gymaint, mae hi wedi malu). Ro'n i'n gwybod yn iawn y byddai 'wai o' yn hawdd iawn i blant Gbara ei ddysgu, ond do'n i'm yn siŵr am 'Blaenau Ffestiniog.' Ond mae eu clyw nhw a'u gallu i ddynwared yn ddiarhebol. Roedd eu hacenion yn berffaith!

Ar ôl rhedeg rownd y goeden a chreu reiat, yn ôl â ni i mewn i'r dosbarth lle canodd y plant gân Nupe hyfryd i ni, cân na chlywais i rioed mohoni o'r blaen, cân fyddai'n berffaith ar gyfer diweddglo'r rhaglen deledu. Ro'n i'n meddwl bod Mei yn eu ffilmio nhw'n canu – ond nagoedd! Roedd o'n trio arbed batris ... AAAAA!

Gweld dau o fy nghyn-ddisgyblion llai academaidd wedyn, Jibrin a Baba (ia, un arall). Dwi'm yn meddwl bod gan Baba waith o gwbl, mae 'na rywbeth yn bod ar ei goes o ers yn blentyn a doedd o rioed yn hogyn galluog iawn, ond mae ganddo fo wraig a phlant felly mae 'na bres yn dod o rhywle, rhywsut. Roedd o wrth ei fodd mod i wedi galw i'w weld o, ac mi fynnodd ein bod ni'n tynnu llwyth o luniau ohona i efo fo a'i wraig. Ond dwi'm yn gwybod sut alla'i yrru copis iddo fo, dydi'r post yn amlwg ddim yn gweithio yma, a ph'un bynnag, does gan y pentrefwyr ddim cyfeiriadau fel sydd gynnon ni acw.

Dyn busnes ydi Jibrin. Wel, mae ganddo fo fusnes bach ei hun yn malu corn a reis yn *pap*, rhywbeth sydd wedyn yn cael ei ddefnyddio i wneud a thwchu uwd, cawl, *gari* (math o uwd wedi ei wneud efo cassava) ayyb. Fel yng nghefn gwlad Cymru, mae'n bwysig talu sylw i bobol fel fo a Baba yn yr ysgol. Oherwydd nad ydyn nhw'n '*high flyers*', nhw sydd fwya tebygol o aros yn eu milltir sgwâr a chadw'r gymdeithas leol i fynd – sy'n golygu'r traddodiadau, yr iaith, pob dim.

Yn ôl i'r gwersyll am ginio, sef Cup-a-Soup a bananas. A rois i chydig o ddillad Meg, Daniel a Robin i'r plant bach sydd wedi bod yn dod i'n gweld ni bob dydd. Gawson nhw stwff chwythu swigod gan Mei hefyd – oedd yn llwyddiant ysgubol. Ond Steve ydi eu ffefryn nhw. Mae o'n eu diddanu nhw bob dydd pan rydan ni allan yn ffilmio, ac mae o wedi datblygu perthynas wirioneddol hyfryd efo nhw. A dweud y gwir, mae o'n wych efo plant lle bynnag fyddwn ni'n mynd. Mae'n siŵr fod datblygu sgiliau felly yn rhan bwysig o waith y fyddin, ond mae'n dal yn od gweld boi mawr caled yr olwg yn troi'n glown a diddanwr heb ei ail. Ond mae ganddo fo ddau o blant ei hun – sydd ddim yn cael ei weld yn aml oherwydd ei swydd, bechod. Ac mae o newydd glywed na fydd o'n cael hedfan yn ôl adre efo ni, mae o'n gorfod aros yn Nigeria am dair wythnos arall i edrych ar ôl peirianwyr Telcom sy'n dod yma i gael trefn ar bethe cyn ryw gystadleuaeth pêl-droed fawr. Felly mi fydd yn colli pen-blwydd ei hogyn bach ac yntau wedi edrych ymlaen gymaint. Dwi'n gwybod ei fod o'n cael ei dalu'n dda am wneud gwaith fel hyn, ond mae'r gost yn o uchel i'w fywyd personol.

1.55 Yng nghanol y pentre
Dwi'n sgwennu hwn am eu bod nhw isio fy ffilmio'n sgwennu yn fy nyddiadur. Dwi'n eistedd ar wal isel ac yn ymwybodol iawn bod pawb yn sbïo'n hurt arna i. Am fod fy mhen i lawr, dwi'n gweld dim ac yn gallu canolbwyntio ar yr hyn dwi'n ei glywed:

Lleisiau amrywiol yn galw *Nsara* (person gwyn) arna i neu'r criw, ambell afr yn brefu a chlochdar iâr neu ddwy yn y pellter. Mae swn fflip fflops yn llusgo drwy'r tywod yn rhyfeddol o glir hefyd, a thraed noeth plant yn powndian heibio. Moto beic yn gyrru am yr afon bob hyn a hyn. Pobol yn mwmian siarad a babi yn crio.

Dwi newydd godi 'mhen a gweld bod 'na dorf wedi hel, ac mae 'na blentyn newydd waldio plentyn arall efo potel blastig wag. Maen nhw'n ffraeo dros ein poteli ni wedi i ni orffen efo nhw; maen nhw'n handi iddyn nhw gario dŵr wrth gwrs, ond gan fod ganddyn nhw gyn lleied o deganau (wel, dim a bod yn onest), mae potel blastig yn agor pob math o bosibiliadau chwarae.

Mae plant y pentre agosa at ein gwersyll ni'n tyrchu drwy'n bin sbwriel ni'n gyson hefyd, ac yn ffraeo dros diwbiau gwag o *Travel-wash* neu bast dannedd a bananas sydd wedi mynd yn slwtsh. Ond y poteli dŵr sy'n achosi'r cecru mwya.

Mae hynny'n f'atgoffa o ffilm weles i yn Ffrainc nôl yn yr 80au: *Les Dieux Sont Tombés sur la Tête* (Mae'r duwiau wedi disgyn ar eu pennau). Erbyn dallt, yn Saesneg gafodd hi ei gwneud yn wreiddiol, dan y teitl *The Gods Must be Crazy*. Ond mae'r enw Ffrangeg yn llawer gwell fel mae'n digwydd. Wedi ei gwneud yn Botswana, mae hi'n dilyn hanes Xi, un o *bushmen* y Kalahari. Mae o a'i bobol yn hapus braf, yn credu bod y duwiau wedi rhoi pob dim maen nhw ei angen iddyn nhw, nes un dydd, mae 'na foi'n taflu potel Coke allan o awyren ac mae'n glanio'n un darn ar dywod y Kalahari. Mae Xi yn dod o hyd iddi a mynd â hi'n ôl i'r pentre. Mae'r botel mor ddefnyddiol, maen nhw'n credu mai anrheg arall gan y duwiau ydi hi, nes i bethau suro. Tan rŵan, roedd 'na wastad ddigon o'r un peth i bawb allu eu rhannu, ond dim ond un botel sydd, ac am y tro cynta yn eu hanes, mae nhw'n profi cenfigen, casineb, gwylltineb a hyd yn oed trais. Ia, cyfleu dylanwad negyddol y byd gorllewinol ar ddiniweidrwydd pobol fel Xi oedd un o themâu'r ffilm, ac alla'i ddim peidio â meddwl tybed faint o les ydan ni'n ei wneud mewn gwirionedd drwy ffilmio pobol Gbara.

Gyda'r nos

Tra ro'n i'n cael cawod heno, gwaeddodd Dyfrig bod rhywun wedi galw i 'ngweld i. O hec, pwy rŵan eto? Pan ddois i allan o'r tu ôl i'r sachau, a 'ngwallt yn wlyb, dyn main, eitha hen yr olwg oedd yno, a bachgen yn ei arddegau oedd yn edrych yn ddifrifol iawn arna i.

'You do not recognise me?' meddai'r hen foi. Edrychais arno'n ofalus. Roedd 'na rywbeth yn gyfarwydd amdano fo. Nefi, Mohammed Ibn Mohammed. Doedd gen i 'rioed lun ohono fo, ond ro'n i'n ei gofio'n iawn am mai fo oedd un o'r bechgyn clyfra yn nosbarth Katie. Mi wnes i gymryd y dosbarth hwnnw wedi iddi adael, ac roedd o'n bleser i'w ddysgu, yn fachgen tawel, gweithgar, annwyl tu hwnt. Ond roedd o wedi diflannu erbyn yr ail flwyddyn a finna'n meddwl mai wedi mynd i goleg yn Bida oedd o. Be oedd ei hanes o bellach? Cynghorydd fel Umar, Yunusa neu Ali?

Naci. Ffarmwr tlawd oedd o. Roedd ei dad wedi marw yn fuan wedi iddo fynd i Bida a bu'n rhaid iddo roi'r gorau i'r coleg. Crafu bywoliaeth o'r tir mae o wedi bod yn ei wneud ers hynny, ac roedd hynny'n eitha amlwg. Roedd o mor ofnadwy o denau, a'i ddillad o'n denau hefyd. Ac roedd 'na ryw dywyllwch anobeithiol yn ei lygaid. Doedd neb wedi dweud wrtho fo am yr aduniad am ei fod o wedi colli cysylltiad efo pawb, ond roedd rhywun yn ei bentre wedi sôn bod dynes wen wedi dod yn ôl i Gbara, felly daeth yma ar gefn moto beic ar ei union. Ble roedd Miss Katie? Doedd o'm hyd yn oed yn gwybod ei bod hi wedi marw.

Os oedd rhywun angen yr anrhegion ro'n i wedi bod yn eu rhannu, hwn oedd o – roedd o'n gobeithio mynd i'r coleg eto, yn ei dridegau hwyr (ond roedd o'n edrych gymaint hŷn, y creadur) ac isio fy marn am ba faes i fynd iddo. Doedd gen i'm syniad. Awgrymais y dylai fynd i weld Umar neu Ali (oedd ddwy flynedd yn iau na fo yn yr ysgol) a dweud mod i'n dweud mai Mohammed oedd un o'r bois clyfra yn yr ysgol ac mod i'n gwybod y byddai'n weithiwr da, dim bwys ym mha faes y câi ei roi. Dwi'm yn gwybod os aiff o i'w gweld nhw nac os fedran nhw ei helpu, nac os fydd gair gen i yn gwneud unrhyw wahaniaeth, ond roedd o'n sicr yn gwenu rhywfaint wedyn.

Wnaeth o'm gofyn am ddim gen i, ond ro'n i isio rhoi rhywbeth iddo fo – ond doedd gen i fawr o ddim ar ôl, nagoedd. Wedi egluro'r sefyllfa wrth y lleill, ges i gopi Cheryl o *Dyddiadur Gbara* i'w roi iddo fo, a thipyn o grysau T a mwclis i'w blant, a chael pentwr o feiros Cwmni Telesgop gan Dyfrig. Do'n i'm yn siŵr sut fyddai o'n derbyn cael pres gen i, ond rois i chydig o naira iddo fo beth bynnag.

Ro'n i'n teimlo'n isel iawn wrth godi llaw arno'n diflannu ar gefn y moto beic.

Dydd Iau, 15fed Hydref. 4.40 pnawn

Rydan ni'n ôl yn Bida, yn y Rahmat Court Guest Inn. Dwi newydd gael cawod go iawn (dŵr tap – weihei!) a sgwrio gwinedd fy nhraed yn drwyadl ond mi fydd baw Gbara yno am sbel eto, mwn. Ac mae'n neis cael Air Con eto, rhaid cyfadde.

Mi wnaethon ni adael Gbara toc ar ôl cinio. Cyhoeddodd Mei: 'It's a wrap' wrth y pwll dŵr hanner ffordd rhwng Gbara a'r gwersyll, lle roedd 'na griw o ferched yn golchi a molchi. Mi rois i dipyn o'r anrhegion bychain oedd gen i ar ôl i'r rheiny am fod trio gwneud hynny yn Gbara wedi creu reiat. Ar Mei oedd y bai – yn trio rhannu fferins rhwng cant-a-mil o blant!

Ond yn ôl at ben bore: un o'r sesiynau holi hir, arteithiol (i mi o leia) oedd hi peth cynta. Trio ateb cwestiynau fel 'Be nesa felly, Bethan?' Ym. Mynd adre a chymryd wythnosau, os nad misoedd, i roi hyn i gyd mewn perspectif am wn i. Ond dwi'm yn siŵr be ddwedis i i mewn i'r camera. Cwestiwn arall dwi'n ei gofio oedd 'Be sydd wedi gwneud i ti wenu yma?' Un o gwestiynau gorfodol *Tribal Wives*, dwi'm yn amau … ond mae'n un da – taswn i'n gallu cofio bob dim sydd wedi digwydd. Ac mae 'na gymaint o bethau hyfryd a digri wedi digwydd 'off camera', dwi'm yn cofio be gafodd ei ffilmio. Ac ers i'r sefyllfa batris fynd yn argyfwng, do'n i byth yn siŵr pryd roedd Mei yn ffilmio beth bynnag. Gweld Cheryl yn disgyn i mewn i ffos wnaeth i mi rowlio chwerthin ond fedrwn i'm dweud hynny! A'r pethau digri mae Dyfrig yn eu dweud heb drio bod na sylweddoli ei fod yn ddigri. A gwylio Steve yn rhoi cyngerdd i'r plant wrth gael cawod neithiwr. Roedd o'n canu *Down in the Tube Station at Midnight* gan y Jam … *'the distant echo of faraway voices boarding faraway trains, to take them home to the ones that they love and who love them for ever …'* a'r plant mewn rhes o flaen y sachau yn canu'n ôl iddo fo fesul brawddeg, neu'n trio o leia. Nefi, roedd o'n ddigri.

Y plant sy'n gwneud i mi wenu fwya. Maen nhw mor annwyl, mor fywiog a diniwed. A thlws. Sut all neb beidio â theimlo fel gwenu wrth sbïo arnyn nhw? Mi wnes i restru llwyth o bethe oedd wedi gwneud i mi wenu yn y diwedd – a chrio wrth eu cofio! Mae hyn yn mynd yn hurt rŵan …

Ffilmio wrth yr afon wedyn, oedd yn golygu y ces i chydig o amser tawel, preifat tra'n cael fy nghanŵio dros yr afon. Roedd hynny'n braf. Dwi wedi mwynhau cael cwmni cyson, ond mae pob eiliad o dawelwch yn drysor. Dyna'r unig gyfle mae rhywun yn ei gael i feddwl, rhywsut. Ydw, dwi'n cael cyfle gyda'r nos yn fy ngwely, ond dwi mor flinedig bob nos, dwi'n syrthio i gysgu o fewn dim.

Wrth ddringo'n ôl i fyny o'r afon, dyma benderfynu rhoi cynnig ar ffilmio efo'r barcud ddois i efo fi. Ro'n i isio ei roi yn anrheg i rywun ond roedd Mei isio ei ffilmio yn gynta. Iawn, yr unig broblem oedd nad oedd 'na byth ddigon o wynt i farcuta! Ond roedd 'na fymryn o awel wrth yr afon.

Roedd Mei isio i mi redeg efo'r barcud a'r plant i redeg ar fy ôl. Mewn fflip fflops a *wrapper*?! A dwi'm wedi rhedeg ers blynyddoedd. Ar dy feic, mêt. Mi wnes i ryw lun o drio taflu'r barcud am i fyny – heb redeg. Dim byd wrth gwrs. Iawn, roedd 'na hogyn bach efo llygaid bywiog oedd wedi bod yn ein dilyn ers sbel yn digwydd bod o 'mlaen i. Mohammed oedd ei enw o. Rhoddais y barcud yn ei ddwylo, dangos iddo fo sut roedd o'n gweithio a gofyn iddo redeg. Mi redodd, ac mi redodd, ac mi gododd y barcud i'r awyr, yn bell i'r awyr, nes roedd o mewn peryg o fynd yn gwbl sownd yn y coed. Gweiddi arno i redeg yn ôl tuag aton ni ac mi wnaeth, a hanner plant bach y pentre yn rhedeg a chwerthin ar ei ôl, eu llygaid yn serennu. Roedd hwnna'n un o'r eiliadau euraid, yn bendant; dwi'm yn beryg o anghofio'r olygfa yna. Mae 'na rywbeth arbennig am farcud; dwi'm yn siŵr be ydi o'n union, efallai'r lliwiau llachar yn erbyn yr awyr las, neu'r teimlad o ryddid mae'n ei roi i rywun. Beth bynnag ydi o, mae'n gwneud i rywun wenu.

Sesiwn o gael fy ffilmio a fy holi'n dwll gan Mei eto wedyn. Pethau fel priodi a chael plant. Ho hym. Ddim yn siŵr be i'w ddweud. Cyn mynd i Gbara, ro'n i'n disgwyl priodi a chael plant yn weddol fuan wedyn – dyna mae pawb yn ei ddisgwyl ynde? Neu ei obeithio. Ond wnaeth o'm digwydd i mi naddo? Neu dydi o ddim wedi digwydd eto o leia. A bod yn onest, dwi'm yn gweld fy hun yn cael plant bellach, dwi'n rhy hen ac mi fyddai rhedeg ar ôl plentyn dwyflwydd drwy'r dydd yn hanner fy lladd i. Dwi'n iawn fel modryb – dwi'n gallu chwarae'n wirion efo nhw am rai oriau, ac yna eu rhoi yn ôl cyn mynd yn ôl i fy myd bach tawel fy hun. Yn union fel ro'n i efo plant Gbara ers talwm. Do'n i'm isio nhw o nghwmpas i rownd y rîl. A gŵr? Pfff. Dwi wedi laru disgwyl iddo fo garlamu dros y gorwel. Does 'na'm llawer o ddynion yn fy nghylchoedd i sy'n gallu merlota beth bynnnag. Ac mae 'na lai o rai sengl.

Yn ôl at heddiw. Tra roedden ni'n ffilmio, roedd Steve a'r hogia wedi bod yn pacio a gwasgu a chlymu pob dim yn ôl i mewn i'r gwahanol gerbydau. Rydan ni wedi gadael y matresi i'r ysgol, a'r rhwydi mosgitos. Yr athrawon fydd yn cymryd rheiny, garantîd. Ac mi gafodd merched y pentre hwyl garw yn trio'r sgidiau roedd Cheryl a fi am eu gadael – pethau oedd wedi mynd i ddrewi braidd, ond oedd yn dal reit ddel. Er fod fy sgidiau i'n llawer rhy fawr i'r ferch gymrodd fy mhâr i, roedd hi wrth ei bodd efo nhw! Roedd 'na dipyn o fwyd ar ôl, felly y bobol leol a'r bobol sydd wedi bod yn ein helpu ni gafodd rheiny. Sy'n f'atgoffa am yr wyau ...

Yn stafell yr hogia roedd y bwyd i gyd yn cael ei gadw, a phan es i mewn i nôl tomatos echdoe neu'r diwrnod cynt, ro'n i'n meddwl bod 'na ddrewdod od yno. Cymryd mai traed dynion oedd o, nes i mi basio'r bocs wyau. Www. Doedd o'm yn neis. Mi agorais y bocs, codi ŵy neu ddau, a gweld be oedd y drewdod. Roedd rhai o'r wyau ar y gwaelod wedi malu ers talwm mae'n rhaid, achos roedd 'na gynrhon mawr gwynion ym mhobman. Hm. Ond roedd 'na dipyn o wyau cyfan hefyd, ac ro'n i'n gwybod na fyddai 'na wyau ffres ar werth yn Gbara. Cydiais yn y bocs yn ofalus a mynd â fo allan i ble roedd Steve wrthi'n paratoi llysiau. Eglurais y sefyllfa iddo yn dawel. Do'n i'm yn meddwl y byddai'r lleill eisiau gwybod. Cytunodd. Felly yn slei bach, mi wnes i olchi'r wyau cyfan mewn dŵr (efo mymryn bach o Dettol – ddim gormod, rhag ofn i'r blas dreiddio drwy'r plisgyn hynod denau) a thaflu'r bocs a'i gynnwys i'n twll compost ni (roedd Steve yn taflu pridd drosto yn rheolaidd, ac mae o wedi ei gladdu'n llwyr bellach). A dyna ni, mi gafodd pawb grempogau a thôst Ffrengig i frecwast y dyddiau wedi hynny, a dwi'm wedi sôn gair wrthyn nhw am y cynrhon. Dim ond pan fyddan nhw'n darllen y llyfr yma y cawn nhw wybod!

O ia, roedd Baba y dyn moto beics yn disgwyl amdanon ni yng nghanol y pacio i gyd. Roedd ganddo ffafr fawr i ofyn i mi: fyswn i'n gallu prynu car iddo fo plîs. Argol fawr, mae isio gras weithie! Mi wnes i egluro nad o'n i'n filiwnydd, a na, do'n i ddim yn gallu prynu car iddo fo. Ro'n i reit flin efo fo a dweud y gwir. Ro'n i wedi blino ac yn emosiynol a jest ddim angen cael fy haslo fel'na. Roedd dau o'r bechgyn ysgol eisoes wedi bod ar fy ôl i yn gofyn am bres, a hynny mewn rhyw ffordd llyfu-tinaidd oedd yn mynd dan fy nghroen i. Llwyddodd Mei i fy narbwyllo i gadw fy amynedd a pheidio a gadael i bethau bach ddifetha fy niwrnod olaf yn Gbara. Iawn.

Ond roedd Baba yn ei ôl toc. Iawn. Dim car. Fyswn i'n prynu moto beic iddo fo ta? AAAAA! Rois i lwyth o'r cnau Cola ges i gan yr Etsu Nupe iddo fo, a rhyw ddilladach a sebonau i'w wraig a'i blant. A dyna fo!

Wedi llwytho'r ceir i gyd, i ffwrdd â ni, yn codi llaw ar bawb. A dyma basio'r afon lle roedd y merched yn golchi a molchi fel arfer. Pwy oedd yno ond Aishetu. Daeth at ffenest y car yn wên i gyd a chwifio ei dwylo. Ac yna, mwya sydyn, mi chwalodd ei hwyneb a dechreuodd feichio crio. Wedyn ro'n i'n crio, a Cheryl, a Dyfrig. Roedd hi'n gwybod yn iawn nad ydan ni'n debygol o weld ein gilydd eto.

Ymlaen â ni, a Mei yn gwadu fod unrhyw fath o ddeigryn yn ei lygaid o. Yna, ar ddarn hir, syth o'r ffordd tuag at Gbara, roedd criw o blant yn rhedeg tuag aton ni – a Mohammed y barcud ar y blaen, yn rhedeg fel milgi a'i farcud yn chwifio'n yr awyr y tu ôl iddo. Dyma ei ffordd o ddweud ffarwel a diolch i ni. Sôn am fynd at galon rhywun. Ro'n i'n crio eto, crio gormod i weld os oedd llygaid Mei yn dal yn sych ai peidio.

Wnaethon ni'm stopio yn Gbara. Roedden ni eisoes wedi dweud ta ta wrth bawb, felly dim ond codi llaw wrth basio wnaethon ni, a'r ysgol yr un fath. Ond bu'n rhaid i ni stopio droeon cyn cyrraedd y ffordd darmac yn Kutigi. Aeth y fan yn sownd fwy nag unwaith, a bu'n rhaid trwsio rhywbeth neu gael petrol, dwi'm yn cofio be'n union. Beth bynnag, roedd hi mor boeth, aethon ni i gyd allan i eistedd yn y cysgod a chnoi ambell fisgeden. Mi wnes i anghofio'r paced hanner llawn ar y fainc, a daeth dyn ar ein holau i'w roi yn ôl i mi. Prawf eto o pa mor glên a gonest ydi pobol y rhan yma o'r byd. Ac mi wnes i anghofio sôn – pan roedden ni'n ffilmio yn Bida, mi gollodd Cheryl gaead ei hoffer sain yng nghanol y dorf, a daeth hogyn bach ati a'i roi yn ôl iddi. Roedd hi wedi gwirioni.

Mi fuon ni i gyd yn siarad bron yn ddi-stop ar y daith, yn trio gwneud synnwyr o be sydd wedi digwydd i ni yn Gbara. A bob hyn a hyn, mi fyddai Dyfrig yn dweud rhywbeth oedd yn gwneud i ni rowlio chwerthin. Mei oedd yn gofyn i Saheed pam fod Nigeriaid (rhai Niger State o leia) yn yngan 'h' o flaen geiriau sydd heb 'h' fel arfer, ee: mae *'eggs'* yn troi'n *'heggs'* bron bob tro. Doedd Saheed ddim wedi sylweddoli ei fod o'n dweud *'heggs'* wrth gwrs.

Wedi saib, 'There's a 'h' ymwthiol in Welsh too,' meddai Dyfrig o'r cefn. Iawn, efallai nad ydi o'n ddigri iawn ar bapur, ond roedden ni i gyd yn sâl gan chwerthin. Efallai am ei fod o eisoes wedi'n diddanu ni efo'i sgwrs am y tŷ bach yn Gbara. Twll dwfn oedd o wrth gwrs, efo dau blancyn pren ar ei draws fel bod jest digon o le i rywun anelu at y dyfnderoedd tywyll. Twll hirsgwar, eitha cul oedd o, ar chydig o lethr a dweud y gwir, oedd yn llawer haws i ddynion ei ddefnyddio na merched wrth gwrs, ond beryg bod Steve ddim wedi arfer llawer efo merched yn y fyddin.

Beth bynnag, roedd Cheryl a finne, fel y *globetrotters* profiadol ag yr ydym, wedi ymdopi'n iawn. Ond roedd Dyfrig yn amlwg wedi bod yn poeni amdanon ni, sut goblyn oedden ni wedi llwyddo? Eglurwyd wrtho fecanics y peth i ferch – yn Saesneg, gan fod Steve a Victor yn ran o'r sgwrs.

'But how can you shit sideways?!' ebychodd, 'and it was on a slope!' O diar, unwaith eto, roedd o'n ddigri ar y pryd. Aeth yn ei flaen i gyfadde y byddai, pan yn ymweld â'r tŷ bach gyda'r nos, wastad yn fflachio'i dorts i lawr y twll yn gyntaf – rhag ofn. Rhag ofn be, Dyfrig? Wel, nadroedd? Yn bersonol, roedd yr olygfa i lawr y twll wedi wythnos o fwy na deg o bobol yn ei ddefnyddio'n gyson, yn llawer mwy brawychus na gweld neidr. Ond o sbïo'n ôl (fel petae), efallai mai fo oedd yn iawn ...

Mae hi'n sicr yn braf cael tŷ bach go iawn eto, un preifat, sy'n fflysho! Fel y dywedodd Dyfrig rŵan:

'Pan gyrhaeddon ni'r gwesty hwn wythnos dwetha, ro'n i'n ei weld yn gyntefig iawn, ond ar ôl campio yn Gbara, mae'n foethusrwydd pur! A sêt i eistedd arni yn y tŷ bach!'

Mi fydd hi'n braf cael swper o gwmpas bwrdd go iawn eto, efo lliain bwrdd, gwydrau, cyllyll – a digon o ffyrc a llwyau! A pheidio a gorfod golchi llestri – a chysgu mewn llofft efo Air Con. Ond un peth drawodd fi wrth gerdded yn ôl a 'mlaen efo'n bagiau: roedd merched y gegin a'r ddesg i gyd mewn rhes yn gwylio'r teledu. Llygaid sgwâr go iawn. Fel hyn roedden nhw bron drwy'r dydd cyn i ni fynd i Gbara, yn ddall a byddar i unrhyw beth ond yr opera sebon ar y bocs. Fel hyn fyddan nhw yn Gbara pan ddaw'r trydan, ac mae hynny'n fy nychryn i.

Pnawn Gwener, 16eg Hydref

Yn y fan ar y ffordd i Abuja. Rydan ni wedi bod yn teithio o Minna ers dwy awr ac roedd yn rhaid mynd i fan'no er mwyn mynd â'r plismyn adre. Ond roedd y daith o Bida i Minna yn hirach nag y dylai fod am fod sbarc plygs y fan yma yn *kaput*. Ond mi wna'i sôn mwy am hynna yn y munud.

Neithiwr, mi ddaeth Ali draw i'r gwesty efo'n dillad newydd ni: sgert, top a phenwisg lliwgar iawn i Cheryl a fi, a *riga* yr un i'r hogia. Un gwyn i Dyfrig, un hufen i Steve ... ac un pinc i Mei! Doedd o ddim yn hapus, ond roedd Cheryl a finna yn cytuno fod pinc yn ei siwtio i'r dim. Rydan ni am gael aduniad pan awn ni adre, ac mae'n RHAID i Mei wisgo ei *riga* pinc. Mae unrhyw ddyn go iawn yn gallu gwisgo pinc tydi? Ond dwi'm yn meddwl bod Mei (dyn pêl-droed) yn cytuno.

Mi gafodd Cheryl a finna chydig o drafferth efo'n penwisgoedd, ond mi wnaeth un o ferched y gwesty ein helpu i'w rhoi 'mlaen. Dim ond gobeithio y byddwn ni'n cofio sut i'w wneud ein hunain rŵan. Dwi wir isio gallu gwisgo hwn eto, mae o mor wahanol i'r dillad dwi'n eu gwisgo fel arfer; dwi'n teimlo'n hynod fenywaidd a *voluptuous*!

Ond yn fy nillad arferol ydw i heddiw. Er, ges i wisg Nigeriaidd arall bore 'ma ... roedden ni i fod i fynd i weld yr Etsu Nupe, ond roedd ganddo fo gyfarfod arall diolch byth. Felly draw â ni i *compound* pennaeth Gbara yn Bida (yr hen foi bach fu'n esgus cowtowio i mi jest cyn y parti mawr). Roedd y lle'n llawn o bobol: ei feibion, ei wragedd a chynrychiolwyr yr Etsu Nupe. Mi fu 'na areithio eto – y pennaeth yn tynnu 'nghoes i y gwnawn i chwip o wraig i'r Etsu Nupe a chael llwyth o blant efo fo. Ia, ia ... mi wnes innau araith wedyn, a Victor a Dyfrig, a'r ddau ohonyn nhw'n llawer mwy huawdl na fi. Rhannu diodydd wedyn, ac anrhegion. Dwi'm yn siŵr be roddon ni iddo fo (roedd Victor wedi trefnu hynny) ond mi ges i sgert a thop a phenwisg arall, a blanced hyfryd o Bida Cloth, ac un arall o'r pethau Bida Brass (aliwminiwm) rhyfedd 'na! Mae'n wyrth 'mod i wedi llwyddo i bacio pob dim. Iawn, roedd y cês yn eitha gwag ar ôl rhannu'r holl anrhegion ddois i efo fi, ond mae gen i fat llawr yn ogystal â'r holl anrhegion eraill i mewn ynddo fo! Roedd rhoi'r peth mawr aliwminiwm ges i gan yr Etsu Nupe yn un o focsys offer Mei yn help mawr, ond dwi'm yn gwbod be wna'i efo hwn – ei gario fel *hand luggage* efallai?

Roedden ni i fod i fynd yn ôl i'r gwesty wedyn, ac mi gynigiodd Ali lifft i mi yn ei gar o. Hyfryd iawn, sedd gyfforddus yn lle'r bali fan 'na am ryw ddeg munud bach! Ac i ffwrdd â ni. Ond funudau wedyn, mi gafodd Ali alwad ffôn. 'There has been ac accident' meddai, a throi'n ôl am gartre'r Pennaeth. O, na ... dychmygu pob math o bethau ...

Cyrraedd y tro am dŷ'r Pennaeth a gweld torf fawr wedi casglu. 'Stay here' meddai Ali a chamu drwy'r dorf. Dwi'm yn cofio'n iawn pwy ddaeth ata'i wedyn. Dyfrig o bosib. Eglurodd bod Solomon, y gyrrwr arall, wedi tynnu allan toc ar ein holau ni, a bod moto beic wedi mynd yn syth i mewn iddo fo. Roedd Steve wrthi'n trin y gyrrwr a'i wraig oedd ar gefn y beic, a'i wylio fo wrthi roedd y dorf. Dyna sydd ganddo fo yn y sach mae'n ei chario efo fo i bob man – anferth o git cymorth cynta. Wrth lwc, doedd yr un o'r ddau wedi brifo'n arw, dim byd wedi torri, ond tipyn o dyllau a gwaed. Es i allan i weld. Roedd dyn y moto beic yn eistedd yn dawel ond yn crynu, yn amlwg mewn poen – a sioc mae'n siŵr, ac roedd Steve wrthi'n glanhau rhai o'r sgriffiadau ar ei goesau, gyda Mei wrth ei ochr yn torri stribedi i lynu'r *dressing* yn ei le. Yna daeth Ali ata i: roedd rhywun o'r swyddfa *immigration* isio gair efo fi. Fi? Ia, roedd o isio i mi fynd i'r swyddfa i lenwi ryw ffurflenni adroddiad damwain, gan ein bod yn ddiethriaid o dramor. Ond Nigeriad oedd yn gyrru'r car, a Nigeriad oedd yn berchen y car hefyd medde fi. Dim gwahaniaeth. Iawn, ddown ni draw yn munud, meddwn – ar ôl bod yn y gwesty. Wedyn es i chwilio am Victor. Twt lol, meddai hwnnw, does 'na'm pwynt a does 'na'm amser. Mae'n gwaith papur ni i gyd yn y gwesty os ydan nhw isio'i weld o. Iawn, dim ond gobeithio na fydd hyn yn bacffeirio arnon ni yn y maes awyr fory!

Penderfynwyd y dylai'r gweddill ohonom fynd yn ôl i'r gwesty i orffen pacio. Felly aeth Ali a fi yno. Roedd Umar yno'n disgwyl amdanon ni, a bu'r ddau yn fy helpu i glirio'r llofft a phacio – yn union fel 25 mlynedd yn ôl! Roedd o'n deimlad rhyfedd iawn, y ddau ddyn mawr, pwysig 'ma'n ôl yn ymddwyn fel hogia ysgol yn helpu eu hathrawes. Mi wnes i gymryd mantais o'u cwmni nhw i sôn am Mohammed Ibn Mohammed a tybed allen nhw ei helpu. Doedden nhw ddim yn ei gofio gan ei fod dipyn hŷn na nhw. 'Ym mha bentre mae o'n byw?' gofynnodd Ali, a fflamia, do'n i ddim yn siŵr. Rhywbeth yn dechrau efo 'e' oedd y cwbl allwn i ei gofio. Dwi'n gobeithio y byddan nhw'n cofio os fydd o'n trio cysylltu efo un o'r ddau ryw dro – be arall fedra'i ei wneud?

Wedi llwyddo i wasgu pob dim i mewn i'r bagiau, mi fynnodd Umar eu cario i'r fan – a gwrthod gadael i Mei eu cymryd oddi arno!

Wedyn mi ofynnodd a gâi o ddod yn y car efo ni i Minna. Dim problem, byddai'n braf cael ei gwmni eto. Ac fel mae'n digwydd, roedden ni'n hynod lwcus ei fod o efo ni. Roedd y ceir eraill yn mynd yn iawn, ond roedd ein fan ni'n mynd fel malwen mewn dŵr oer, doedd 'na jest ddim pŵer ynddi hi. A ninnau yng nghanol nunlle. Ond mae 'na signal ffôn symudol ym mhobman yn y wlad 'ma felly mi ffoniodd Umar ei fecanic lleol a threfnu iddo ddod i'n cyfarfod yn ei dŷ o, oedd ar y ffordd i Minna. Roedd o wedi gofyn i ni alw i weld ei deulu beth bynnag a Victor wedi trio dweud nad oedd ganddon ni amser. Ond roedd y sbarc plygs ar ochr Umar.

Roedd y mecanic yn disgwyl amdanon ni. Dyma adael hanner dwsin o ddynion o gwmpas y bonet (mae dynion yr un fath ar bob cyfandir) a mynd i'r tŷ. Roedd o'n un eitha tlawd yr olwg a bod yn onest, dim patsh ar un Ali, ond mae gan Umar ddau dŷ wedi'r cwbl! Cyfarfod y tair gwraig; tair ddel ofnadwy, ond roedd hi'n eitha amlwg pa un oedd y ffefryn – yr un oedd wedi cael dipyn o addysg, a'r un oedd yn fam i Jibril, y mab 14 oed roedd o wedi gofyn i mi fynd adre efo fi. Ond roedd ganddo wyth o blant i gyd, ac un mab 16 oed – hŷn na Jibril. Ges i haint pan gyhoeddodd Umar ei fod am osod cystadleuaeth rhwng y ddau: pwy bynnag fyddai'n cael y canlyniadau gorau yn ei arholiadau fyddai'n cael mynd i goleg yng Nghymru ... ro'n i'n gweld hynna'n gwbl annheg ac anfoesol! Mi fydd y ddau yn casáu ei gilydd rŵan! Ond do'n i'm yn gallu dweud hynny nago'n? Umar ydi eu tad nhw wedi'r cwbl.

Ond roedd 'na fwy o embaras i ddod: roedd Umar isio i mi fynd i lofftydd ei wragedd (mae gan y tair ei llofft ei hun) ac roedd o am i mi fendithio pob llofft. Fi? Mi wnes i drio egluro nad oedd gen i unrhyw hawl na gallu i fendithio unrhyw beth, ond roedd o'n credu'n wahanol a do'n i'm isio pechu. Felly mi wnes i ei ddilyn yn ufudd i bob llofft fesul un a thrio defnyddio'r geiriau cywir iddo swnio fel taswn i'n rhoi bendith gall. A theimlo mor anonest a hurt drwy'r cwbl.

Profiad od oedd gweld eu llofftydd ar y gorau: fan'no maen nhw'n cadw eu stwff personol i gyd, lluniau o'u plant nhw – heb y lleill, lluniau o Umar, lluniau ohonyn nhw efo Umar – heb y ddwy wraig arall ... Mae'n amlwg fod Umar yn cysgu efo pob un yn ei thro, a phob un yn trio gwneud iddo anghofio am y ddwy arall tra mae o yn ei llofft hi. Roedd pob llofft yn wahanol hefyd, paent lliw gwahanol ar y waliau a dillad gwely gwahanol, pethau wedi eu dewis a'u gosod i adlewyrchu cymeriad y wraig honno. Hm. Y cwbl ddweda i ydi mod i'n hynod falch na ches i fy ngeni yn ferch mewn gwlad Foslemaidd. Mae'n gas gen i rannu yn un peth! A dwi'n ei weld o mor annheg ar ferched.

Ro'n i'n hynod falch o gael mynd yn ôl i'r lolfa at y lleill, ond nefi, roedd o isio i mi fendithio'r car wedyn!

Mwy o embaras eto pan benderfynodd Dyfrig ei holi am albinos. Roedd un wedi dod i'n gweld ni yn y gêm bêl-droed yn Gbara, ac isio mynd adre efo ni nes i Victor egluro'n glên iawn iddo pam na fyddai hynny'n bosib. Roedd Dyfrig wedi ymddiddori'n arw ynddo fo a synnu o ddeall nad yw albinos yn cael eu derbyn gan y gymdogaeth, ac yn cael eu trin yn reit gas gan rai. Wel, gan fod Umar yn foi annwyl, clên, addysgiedig, roedd Dyfrig wedi cymryd yn ganiataol y byddai'n cael sgwrs gall amdanyn nhw. Ym, na. Aeth o i lawr fel balŵn o blwm, fel maen nhw'n dweud yn Saesneg. 'They are not like us,' meddai Umar a'i gwneud hi'n berffaith amlwg mai dyna oedd diwedd y mater.

Fel ro'n i'n gadael, gofynnodd Umar a gai o ddod efo ni i Abuja. Wel, doedd neb yn meddwl fod hynny'n syniad da. Yn un peth, mae'r fan 'ma'n ddigon llawn fel mae hi, a mynd yn syth i westy ydan ni, nid y maes awyr, a does 'na'm stafell wedi ei threfnu ar ei gyfer o. Ond, waeth i ni fod yn onest, y prif reswm oedd fod Umar yn ddyn mor grefyddol a pharchus, fydden ni ddim yn gallu mynd ar y cwrw os oedd o o gwmpas, ac rydan ni wedi bod yn edrych ymlaen mor ofnadwy at gael meddwad heno! Wel, rhai ohonon ni. Felly mi lwyddodd Victor a finna i'w ddarbwyllo mai aros adre efo'i deulu fyddai galla. Rhywsut, dwi'm yn dallt sut, roedd gynnon ni rywfaint o fwclis a llyfrau ar ôl i fedru rhoi anrhegion i'w deulu o.

Ond wrth ddringo mewn i'r car, brysiodd y mab hynaf ata i a dweud 'Please take me with you.' O'r nefi. Gorfod egluro wrth hwnnw pam na fyddai hynny'n bosib. Mae'n berffaith amlwg ei fod o wedi cael llond bol o fod yn ail i Jibril, ei frawd bach. Wrth gwrs, dim ond hanner brawd ydi o oherwydd y busnes mwy nag un gwraig 'ma a dwi'n eitha siŵr bod y drefn honno yn creu cenfigen rhwng y plant yn ogystal â'r gwragedd. Yn anffodus, i wneud pethau'n waeth, mae Jibril yn hogyn tlws ofnadwy, a dydi ei frawd mawr o ddim. Roedd fy 'nghalon i'n gwaedu drosto fo.

Oedd, yn y diwedd, roedd hi'n ryddhad mawr gallu codi llaw a gyrru i ffwrdd am Abuja. Dwi'm yn gyfforddus yn cael fy rhoi ar bedestal fel'na a dwi'n sicr ddim yn gyfforddus efo be mae Umar yn ei ddisgwyl ohona'i lle mae addysg ei fab/feibion o'n y cwestiwn. Dwi'n edrych ymlaen yn arw at jin a thonic anferthol.

Newydd basio Zuma Rock, sef craig anferthol, gron, fel tase torth wedi codi o'r ddaear. 1km o hyd a 300m o uchder mae'n debyg, ac ochrau cwbl serth ar bob ochr. Methu peidio meddwl tybed oes 'na rywun wedi llwyddo i ddringo i'r top erioed. Hyd yn oed efo rhaffau, mi fyddai'n goblyn o job ddwedwn i. Beth bynnag, hon ydi'r 'Gateway to Abuja' yn ôl Saheed, sy'n golygu ein bod ni newydd adael Niger State. Mae hynny'n gwneud i mi deimlo cymysgedd o dristwch a rhyddhad.

Bore Sadwrn, 17eg Hydref

O diar. Aeth hi fymryn yn wirion neithiwr. Roedd y Star a'r gwin a'r G&T yn mynd i lawr fel dŵr. Gawson ni bryd Eidalaidd bendigedig ar ôl molchi a newid i ddillad glân, a sgwrsio a chwerthin am hir wedyn. Dyma'r trip mwya anhygoel i'r un ohonon ni fod arno erioed. 'The best job I've ever had,' meddai Steve, ac mae o'n bendant am fynd yn ôl i Gbara. Mi wnaeth o syrthio mewn cariad efo'r lle go iawn. Felly, pan gaiff o ddiwrnod neu ddau yn rhydd ar ei amrywiol dripiau i Nigeria, mae o am bicio yno i ddweud helo medda fo. Ond mae'n siŵr ei bod hi'n anodd iddo fo ein gweld ni'n mynd am adre a'i adael o ar ôl. Mae o'n mynd i golli parti pen-blwydd ei hogyn bach, Max, felly mi wnaeth Dyfrig a Mei osod y camera i fyny iddo fo gael recordio neges pen-blwydd iddo fo. Mae Dyfrig am bostio'r DVD i Max ar ôl cyrraedd adre.

Roedden ni i gyd yn gytûn ein bod ni'n fwy cyfforddus yn ôl yn y gwersyll yn Gbara nag yn ffalsrwydd crand y gwesty 'ma – un llawer iawn crandiach na'r un fuon ni ynddo fo ar ôl cyrraedd y wlad. Roedd hwn yn llawn o ddynion busnes gwynion a phuteiniaid tywyll oedd yn sbïo'n hyll iawn ar Cheryl a finna. Fel tasen ni'n mynd i ddwyn eu cwsmeriaid nhw – ha! Ond roedd y G&Ts yn hyfryd, rhaid cyfadde.

Yn y diwedd, aeth Steve, Victor a Dyfrig i'w gwelyau yn weddol gall (roedd Saheed a'r gweddill wedi mynd i rywle arall am fwyd felly dwi'm yn gwybod be oedd eu hanes nhw) ond gan mai dim ond rhyw chydig oriau oedd ar ôl cyn gorfod gadael am y maes awyr, mi benderfynodd Cheryl, Mei a finna nad oedd pwynt mynd i'r gwely. Wp a deis. Peth peryg ydi *room service*. A brandi. Mae'n wyrth bod rhywun wedi sylweddoli faint o'r gloch oedd hi jest mewn pryd i ni i gyd gael cawod a phacio – mewn dim – ond roedden ni'n tri fel plant yn mynd â'n bagiau i lawr at y fan, yn giglan fel pethau gwirion. Dwi'n siŵr bod y lleill isio'n crogi ni.

Crio eto wrth gwrs wrth ffarwelio efo pawb, a rois i'r CD o ganeuon Cymraeg ges i gan Dyl Mei i Saheed (roedd o wrth ei fodd efo Meic Stevens a *Dawns y Glaw*, Anweledig, wrth gwrs!). A dyna fi wedi cael gwared o bob dim. O, a'r fodrwy 'na brynais i i esgus mod i'n ddynes briod? Rois i hi i Ali i'w rhoi i Fatima, gwraig Abubakar, y wraig o dras yr Etsu Nupe fu'n fy ffanio'n ei thŷ. Mi wnaeth hi argraff go iawn arna'i. Ond mae'n siŵr bod ei bysedd hi'n llawer teneuach na fy rhai i.

Teimlad od oedd troi'n ôl i godi llaw ar yr hogia ar ôl mynd drwy'r giât. Yn enwedig gan ei bod hi wedi cymryd oes i ni fynd drwy'r holl gybôl pasports a gwaith papur yr offer ac ati. Roedd un boi bron a gwrthod gadael i mi fynd â'r peth Bida Brass aliwminiwm ges i gan Bennaeth Gbara fel *hand luggage* – yn llythrennol yn fy llaw. Mae'n siŵr ei fod o'n edrych fel arf peryglus, ond doedd gen i jest ddim lle iddo fo yn unlle. Mi wnes i drio dweud mod i'n *Jikadiya Gbara*, ond doedd ganddo ddim syniad be oedd hynny'n ei feddwl; doedd o'm yn dallt Nupe a rioed wedi clywed am Gbara. Mi fu 'na ryw drafferth efo gwaith papur yr offer hefyd, ond do'n i'm cweit mewn cyflwr digon call i ddallt be oedd yn mynd ymlaen, ac mi wnaeth Victor a Dyfrig gael trefn ar bethau rhywsut.

Ro'n i a Cheryl wedi cadw chydig o naira wrth gefn er mwyn gallu prynu anrhegion yn siop y maes awyr – ond wedi mynd drwy'r giât, doedd 'na'm siop anrhegion nagoedd, dim ond stondin yn gwerthu diod, creision a fferins. Go fflamia. Felly dyma brynu llwyth o fwydiach a dechrau ei fwyta fel brecwast, ac o fewn dim, aeth Cheryl yn welw. Yn welw iawn. Ac aeth hi hyd yn oed yn fwy gwelw ar yr awyren. Blwmin *room service* ... Ond cysgu fel twrch wnes i.

Rhyw wythnos ar ôl cyrraedd adre.

O fewn munudau i gyrraedd y tŷ, ro'n i isio mynd yn ôl i Nigeria. Ro'n i'n cysgu ar fy nhraed, yn fferru, doedd 'na'm diferyn o ddŵr yn y tŷ ac roedd fy nghyfrifiadur i'n bwyta cerdyn fy nghamera i, yn gwrthod trosglwyddo unrhyw beth, a dwi wedi colli ambell lun am byth. Croeso nôl Beth! Ond mae popeth yn iawn bellach, mae'r dillad yn sychu ar y lein a dwi'n gallu fflysho'r tŷ bach.

Doedd 'na'm fflysh yn Gbara chwaith, ond does gen i'm *pit latrine* yn yr ardd 'ma nagoes?! Ond dwi'n ystyried y peth rŵan, ac yn meddwl codi bwced ar gangen uwch ben y ffrwd er mwyn cael cawod yn yr haf. Dyna un o fy hoff atgofion i – cael cawod awyr agored yn sbïo ar y sêr. Hyfryd.

Mae hi wedi cymryd dyddiau i mi ddod i arfer efo bywyd adre. Ro'n i ar goll yn llwyr am sbel, ddim yn gwybod be i'w wneud efo fi'n hun. Roedd gen i ddigon o waith i'w wneud ond dim amynedd i gychwyn arni. Ac wedi mwynhau cwmni cymaint o bobol ar yr un pryd, a chael modd i fyw efo'r holl sŵn chwerthin a phaldareuo, a deffro yn y bore i weld cynffon o bobol wedi dod a bananas a *sugar cane* ac ati i ni, a Mei wrthi'n rhoi dŵr i ferwi a chanu 'Bore da! Wyt tisio paned?' (i diwn *Chwarae dy Gêm* Anweledig), roedd hi'n dawel iawn acw efo dim ond fi a Del a'r cyfrifiadur.

Dwi'n mwynhau byw ar fy mhen fy hun fel arfer, ond nefi, dwi'n gweld isio cwmni rŵan. Bron na fyswn i'n ystyried priodi a chael chwech o blant. Ond dyna fo, ro'n i ar dân isio ceffyl ar ôl wythnos o fod yn gowboi hefyd. Wir rŵan, mi wnes i ystyried prynu un o ddifri, ond wedi sylweddoli bod 'na waith edrych ar ôl ceffyl, mi wnes i newid fy meddwl. A mwya dwi adre, mwya dwi'n sylweddoli y gallai chwech o blant fod yn ormod i mi. A beryg 'mod i wedi ei gadael hi braidd yn hwyr i fagu beth bynnag.

Fydd mynd ar wyliau byth yn newid fy meddwl i rhyw lawer am fywyd. Rhyw gyfnod bach i ymlacio ydi hwnnw ynde, cyfle i gael eich gwynt atoch cyn bwrw'r trwyn i'r maen unwaith eto, ond mae gweithio yn rhywle mor gwbl wahanol a chyntefig â Gbara yn wahanol. Mae pawb allan drwy'r dydd, pawb yn brysur yn gwneud rhywbeth neu'n cymdeithasu. Os oes angen bwyd, nid mater o agor drws y rhewgell ydi hi, ond mynd allan i'r ardd i gasglu rhywbeth, neu daith hir mewn canŵ ac ar foto beic neu gerdded am filltiroedd i'r farchnad – a chwerthin a phaldareuo efo pobol eraill yn y broses, nid ar eich pen eich hun mewn car. Tristwch y peth ydi y byddan nhw'n siŵr o droi'n *zombies* fel ni unwaith i'r trydan a'r tarmac gyrraedd.

Dwi'n teimlo'n drist hefyd am 'mod i'n amau'n fawr os ga'i gyfle i weithio ar brosiect fel yna eto; prosiect oedd mor bersonol ac mor bwysig i mi.

Dwi wedi bod yn cael galwadau ffôn am 5.30 y bore, gan gynddisgyblion sydd newydd gael fy rhif ffôn i a sydd ddim yn sylweddoli bod 'na chydig o wahaniaeth amser rhyngom ni. Ro'n i'n glên iawn efo'r rhai cynta, yn llai clên wedyn a rŵan dwi jest yn stwffio 'mhen dan y gobennydd.

Dwi wedi cael o leia dau ebost gan bobol yn gofyn am bres. Ro'n i'n gwybod y byddai hynny'n digwydd; tydyn nhw bron i gyd yn credu ein bod ni'n ddieithriad yn filiwnyddion? Dwi wedi gwneud fy ngorau i roi syniad mwy realistig iddyn nhw: 'Ydan, rydan ni'n ennill llawer iawn mwy o bres na chi, ond mae tai/bwyd/petrol yn costio llawer iawn mwy hefyd!' Ond dwi am drio gyrru rhywbeth i Musa A Baba gan mod i'n gwybod ei fod o'n teimlo'n euog am ofyn a'i fod o wir angen y pres i ddal ati yn y coleg nyrsio.

Am mod i wedi cysylltu efo papurau lleol Cork yn chwilio am y ddwy Wyddeles oedd yn gweithio yn Gbara o 'mlaen i, mi fues i ar sioe radio RTE 1 *The Mooney Show*, a chael fy siomi'n ofnadwy o ddeall bod un ohonyn nhw, Maura, wedi marw o leukaemia ddeng mlynedd yn ôl. Ond dwi wedi cysylltu efo'i mam hi ac wedi cael sgwrs hirfaith ar y ffôn efo Eilish, y ferch arall. Roedd hynny'n brofiad bendigedig a hynod emosiynol. A myn coblyn, pwy oedd yn gwrando ar y sioe ond Father Con, oedd yng ngofal yr eglwys Gatholig yn Bida a dwi wedi bod yn sgwrsio efo yntau droeon ers hynny. 'They were wonderful times weren't they Bethan!' Mae o ac Eilish yn byw yng Nghorc, felly dyfalwch lle fydda i'n mynd efo'r campafan y munud ca'i gyfle! Ac wedi cael cyfeiriad y lleian, Sister Mary, fu'n ffrind mor dda i mi yn Nigeria, dwi wedi bod yn siarad a chwerthin hyd at ddagrau efo hithau hefyd. 'God bless you for getting in contact!' Mae hi'n byw yn Newmarket o bob man, ac er ei bod hi'n ei hwythdegau bellach mae hi'n dal yn llawn egni ac yn goblyn o gymeriad.

Dwi hefyd wedi dod o hyd i nifer o gyn VSOs eraill, yn Lloegr, Hong Kong, yr Iseldiroedd a Botswana, ac mae'r ebyst wedi bod yn hedfan yn ôl a 'mlaen rhyngom ni. Ac o'r diwedd, dwi mewn cysylltiad eto efo teulu Katie. Maen nhw wedi gyrru ei llyfr lloffion i mi, sy'n cynnwys lluniau ohonof fi na welais i erioed o'r blaen, ac mi ges fy nghyffwrdd ei bod hi wedi cadw'r cerdyn pen-blwydd a'r cerdyn ffarwél wnes i iddi tra ro'n i yno. Maen nhw'n edrych ymlaen yn arw at weld y rhaglenni teledu.

Mae dod i gysylltiad eto wedi cymaint o amser wedi'n taro ni i gyd fel gordd; mae o fel tasen ni wedi mynd yn ôl mewn amser ac yn ail-fyw'r holl brofiadau gawson ni. Ac ydi hynny'n beth da? Wel ydi. Mae 'na sawl un ohonon ni wedi crio cryn dipyn dros yr wythnosau dwytha ma, ond rydan ni wedi chwerthin llond trol hefyd.

Dwi'n meddwl 'mod i'n nabod fy hun yn well rŵan, neu o leia'n gallu bod yn fwy gonest efo mi fy hun. A dwi wedi dod i nabod mwy o bobol dwi'n falch iawn 'mod i wedi cael y cyfle i'w nabod.

PROFIADAU GWEDDILL Y CRIW:

Cheryl:

Anodd iawn gwneud rhestr fer, oherwydd o'dd cymaint o uchafbwyntiau! Y ffaith yw bod pob munud yn sbesial, o'r funud naethon ni gyrraedd, i'r funud naethon ni adael! Y bobol, y cyfeillgarwch, y tymheredd, a'r emosiwn, yn enwedig i Bethan, ac i weld fel o'dd pobol Gbara yn addoli Miss Bethan! Trip bythgofiadwy!

Ond dyma fy rhestr:

1. Cyrraedd ein gwesty cynta yn Abuja yn gynnar iawn y bore! Naethon ni i gyd ddadlwytho ein hoffer a'n bagiau i mewn i'r lolfa, ond wedyn sylweddoli bod ein ystafelloedd ddim yn barod ar ein cyfer, oherwydd roedd pobol dal yn cysgu ynddyn nhw! Pryd 'ny naethon ni weld faint mor wych o'dd ein fixer Victor: 'It's not a problem! I have another hotel I can contact we can go to immediately.' O'dd 'da Victor wastad plan A, B, C lawr i Z os odd angen! Mi o'dd pawb yn gwybod pryd 'ny ein bod ni mewn dwylo da!

2. Yn y gwesty yn Abuja lle naethon ni ffilmio Bethan yn edrych ar *footage* o ffilm o'dd Victor wedi'i gwneud wythnosau ynghynt, tra odd e'n teithio o amgylch yn chwilio am gyn-ddisgyblion Bethan, ac am y tro cynta, wrth edrych ar y bobol 'ma ar y sgrîn, mi oeddwn yn sylwi yr emosiwn a'r trip anhygoel o'dd o'n blaenau ni!

3. Cyrraedd Bida. Gweld shot neis o'r arwydd Bida ar ochr y ffordd, a gweld bod angen cymryd shots o Bethan yn ein Sharabang yn gyrru heibio. Wel, aeth pawb arall mas o'r bws bach yn iawn, ond o'dd raid i fi wneud rhywbeth twp! Oherwydd o'dd y cit sain wedi'i glymu arna i, penderfynais fynd allan o'r bws am yn ôl. *Seemed a good idea at the time*! Peth nesa, fel stepais i nôl, nes i ddiflannu – a dweud y gwir, am yr

eiliadau o'n i'n cwympo ar fy nghefn i lawr y trench 'ma, o'n i'n meddwl fasen i byth yn stopi! Hilariws! Diolch i Dduw bod digon o lystyfiant yn y *trench* i roi bach o *soft landing* i fi, a'i bod hi ddim yn llawn o garthion! Wel, chwerthin te, amser nes i agor fy llygaid, o'dd wynebau'r heddlu yn edrych lawr arna i mewn sioc! A wyneb Bethan mewn *hysterics*! Fan'ny o'n i, yn fflat ar fy nghefn lawr tua 5 troedfedd o *trench* a'r cit sain a'r *boom* ar fy mhen i! O'n i'n chwerthin gymaint, o'n i'n rhy wan i godi lan, fel o'dd yr heddlu yn pwyso lawr a trial tynnu fi lan! Wy'n credu o'n nhw wedi cael fwy o sioc na fi! Dim byd wedi torri (diolch byth) dim ond cwpwl o grafiadau i lawr y breichiau, ond rhaid gweud, o'n i bach yn stiff y diwrnod ar ôl 'ny!

4. Cwrdd a'r Etsu Nupe. O'n ni'n gorfod tynnu'n sgidiau i fynd mewn i'r palas, a fan'ny o'n nhw efo anrhegion mawr i Bethan – a diolch byth o'n i wedi mynd â fflag Cymru allan efo fi i Nigeria, felly o'dd rhywbeth 'da ni i'w roi nôl iddyn nhw! Ti wastad yn gallu dibynnu ar fflag Cymru! Wedyn gorfod mynd tu fas yn gloi ar ôl y seremoni croesawu i ddala'r Etsu Nupe a'i bobol yn dod mas efo Bethan! Yn anffodus, *baseball boots* o'dd 'da fi, ac o'n i methu cael nhw arno'n ddigon cloi, felly wrth i ni drial ffilmio, o'dd Steve ein dyn diogelwch yn trial rhoi 'nhraed i mewn i'r *boots* bach 'ma! Pwy a ŵyr beth odd y bobol leol yn meddwl!

5. Yn Minna, mynd lan ar ben mynydd i wneud cyfweliad efo Bethan. Hi a finne'n eistedd ar ben carreg bach yr un. Hanner ffordd trwy'r cyfweliad, mi a'th 'mhen ôl i yn farw a diffrwyth! O, boi! Na beth odd teimlad od! Diolch byth wnaeth Bethan stopi a dweud – 'Ma rhaid i fi sefyll lan am eiliad', o'dd hi wedi profi'r un peth â fi! Dwi ddim yn siŵr iawn beth o'dd ein heddlu, gyrwyr a chriw lleol yn meddwl amser wedes i – 'Heck, it feels like something's been injected in my arse!' Ges i lwcs rhyfedd! Dwi ddim yn gwybod i'r dydd 'ma beth o'dd yn y graig!

6. Gwesty Shiroro ym Minna. Fi a Mei yn edrych trwy'r *rushes* yn yr ystafell, yn penderfynu bod dim angen mynd mas eto i ffilmio'r diwrnod 'ny, felly ffono Victor y fixer, i weud wrtho am ryddhau'r heddlu a'r

gyrwyr. Hanner ffordd trwy'r sgwrs efo Victor, mi dechreuodd e weiddi, 'Get out! Get out! Move back, get inside!' a peth nesa, mi ath y llinell yn farw! Wedyn glywon ni *bang bang* ar y drws ar ben y coridor lle odd ein ystafelloedd ni! Fi a Mei yn edrych ar ein gilydd a meddwl, S***, ma pobol ar ôl ni! Mas i'r corridor i waeddi ar Steve, Steve yn gweud 'Get Bethan, get into one room, lock the door and do not answer the door to anyone!' Grabo Bethan, a phawb i ystafell Mei! Y peth mwya gwirion o'dd, ar y pryd o'dd hi'n edrych yn bosib ein bod ni mewn perygl mawr, a 'na gyd o'n i a Bethan yn gallu wneud o'dd chwerthin! Falle bach o *nervous laughter!* A ble odd *Grab Bag* fi, y bag gyda phethau angenrheidiol o'dd fod 'da ni drwy'r amser? Wel, dim efo fi! Ffonon ni Dyfrig i weud wrtho fe i ddod i'r ystafell yn syth! Wel, o'dd Dyfrig yn cŵl iawn, yn dweud – 'Wel, fi lawr stâr a ma'n cerbyd ni ar dân ...' O'n ni i gyd dal ddim yn gwybod beth o'dd yn mynd mlân! Ond troiodd Dyfrig lan yn yr ystafell yn cŵl reit; beth o'dd wedi digwydd o'dd bod Ola, ein gyrrwr bach annwyl ni'n mynd i yrru ffwrdd yn ein cerbyd, a peth nesa ath e lan mewn fflamau! Gweiddi arno fe o'dd Victor, i'w gael e mas o'r car, a'r swn bango yn y corridor o'dd staff y gwesty yn trial cael at yr diffoddwyr tân!! Yr unig un mewn perygl o'dd Ola druan, ac odd e'n teimlo'i fod e wedi gadael pawb lawr!

7. Mei a finne yn mynd yn ein blaenau i Gbara, oherwydd o'n nhw eisiau cadw Bethan ar ôl am y sypreis. Fel o'dd fi a Mei a Steve ar ochr yr heol yn disgwyl i'n cerbyd yrru heibio ar yr heol dywod o'dd yn mynd 'mlaen am filltiroedd, mi aethon nhw'n styc! Peth nesa, glywon ni shot yn mynd off! Heck! Steve yn edrych o gwmpas a siarad ar y *walkie talkie* efo'n heddlu ni – a nhw odd ar fai! 'Sorry Sir, yes, I discharged it' – yn hollol ddamweiniol! Diolch byth o'dd yr un ohonon ni'n sefyll yn rhy agos ato fe!

8. Y dathliad mawr yn Gbara! Anhygoel! Am ddathliad! Erioed wedi gweld rhywbeth o'r fath! O'dd hi mor mor boeth yna 'fyd! Ond ro'dd y dathliadau, y ffordd o'n nhw'n siarad ac yn edrych ar Bethan, a dathlu'r ffaith bod Miss Bethan wedi dod yn ôl yn synnu ni i gyd! Ffantastig! Ond diwrnod blinedig iawn. Diolch byth bod Steve wedi bod yn gwneud twll

yn y ddaear fel tŷ bach i ni, a lle i ni gael cawod. Na'r ffordd i molchi! Allan yn yr awyr agored, efo bwced a sebon! Gwych!

9. Y plant yn Gbara! Chware teg iddyn nhw, o'dd y rhan fwyaf erioed wedi gweld pobol gwyn o'r blaen, a rhai yn wyliadwrus ac ofnus. Ond anghofia i byth y plentyn bach hyn yn mynd i ddala'n llaw i, a bachgen hŷn yn tynnu fe i ffwrdd, ond ar ôl i fi weud bod e'n iawn, wnaeth e ddala'n llaw i 'to, ac o'dd hwnna'n foment fydd yn aros 'da fi am byth, am eu bod nhw'n ymddiried gymaint ynddon ni. Mi oedden ni i gyd fel y *Pied Piper* a'r holl blant y tu ôl i ni!

10. Wedi croesi'r afon un diwrnod, dath dyn mewn gwyn llachar lan ato ni efo tâp mesur a dechre'n mesur ni i gyd! O'n i'n poeni taw ymgymerwr o'dd e! Sa'i erioed wedi cael fy mesur am ddillad ar ochr afon o'r blaen, efo cit sain yn dal amdana i!

11. Eistedd tu fas i'n gwersyll gyda'r nos, yr awyr yn llawn mosis a *sandflies*, felly o'n ni i gyd wedi gorchuddio lan efo sgarffs a *mosi nets* ayyb, a Dyfrig yn edrych fel rhyw fenyw fach Gymraeg yn ei sgarff mawr! A dweud y gwir, roedd Dyfrig yn hilariws drwy'r trip, yn cadw ni i fynd efo'i storïau a'i ddywediadau Cymraeg!!

12. Umar yn gweud hanes ei fywyd wrth Bethan a gweud ei bod hi fel mam iddo fe a gofyn iddi fynd a'i fab e gartref. Dwi erioed wedi teimlo mor emosiynol a theimladol wrth recordio cyfweliad o'r blaen!

13. Gwisgo lan yn ein gwisgoedd traddodiadol ar y diwrnod ola, ac yn teimlo'n prowd iawn o allu gwneud! A wyneb Mei amser cafodd e wisg binc!

Mi oedd cwrdd â pobol Nigeria, holl brofiad y trip, y cwmni a'r criw, a'r ffrindiau newydd dwi wedi'u gwneud yn rhywbeth fydd yn aros yn y cof am byth. A'n gyrrwr, Saheed, o'dd methu gweud enw Cheryl yn iawn, felly 'Chello' oedden nhw'n galw fi trwy gydol y daith! Trip ffantastig, bythgofiadwy!

Dyfrig:

Ma' cyment o bethe yn dod nôl i'r cof, ond dw i'n credu bod rhaid eich bod chi yno i wir eu gwerthfawrogi (neu fod â dawn sgrifennu Bethan i ddod â'r profiad yn fyw ar bapur). I fachan fel fi, sy'n eitha joio cysuron bywyd bob dydd, ma mynd ar antur i ganol cefn gwlad Affrica yn dipyn o her. Dw i'n gw'bod bod nifer o'm ffrindie yn credu mai peth dwl o ran fi fy hunan ac o ran gweddill y criw o'dd mentro ar antur fel hon, ond dw i hefyd yn berson sy'n wir lico sialens a her. Joies i bob eiliad – o'r cyflenwad trydan yn diflannu bob munud, i ddefnyddio tŷ bach mewn twll wedi ei geibio yn yr awyr agored. Ond yr hyn na'th hwn yn drip i'w gofio o'dd y cwmni. Criw o bobol ffantastig, o'dd am i'r rhaglen deledu weithio, o'dd ishe bod yn Nigeria ac o'dd yn ysu am y profiade.

Nawr, chewch chi ddim person camera sy'n meddwl mwy na Mei. Ro'dd dal emosiwn y foment yn bwysig iddo, un o'dd yn gwbwl o ddifri am ei waith ac yn gwmni da. Ro'dd Cheryl, a dw i wedi gweud hyn fwy nag unwaith, yn un o'r bobol brin hynny sydd byth yn cwyno, dim ond yn joio bob dim, ac yn gweithio'n galed iawn. Steve o'dd y dyn diogelwch, a rhaid i fi gyfaddef nad o'n i yn rhyw rhy siŵr ohono ar y dechre, ond fe dyfes i'w hoffi a'i edmygu – un o'r siort ore. Wedyn ro'dd Victor y 'fixer' yn un o'r bobol optimistaidd hynny – gyda phob dim yn bosib ac yn gw'bod shwd o'dd y systemau yn ei wlad yn gweithio. Hefyd ro'dd e'n genedlaetholwr ac am i ni fwynhau a gwerthfawrogi Nigeria. A beth alla i weud am Bethan? Ffrind go iawn, un sy'n llawn hiwmor ac un y mae fy edmygedd ohoni erbyn hyn yn enfawr. Shwd yn y byd y gwna'th hi lwyddo i fyw yno am ddwy flynedd, yn y gwres a heb ddŵr o dap a heb gant a mil o bethe erill? 'Sdim dwywaith bod stoc y Gwanas yn un â rhuddin arbennig iawn i'w cymeriad.

Ond 'na ddigon o ganmol! Fe gadwes i ddyddiadur manwl tra bo fi mas yno. Gan nodi sawl peth a greodd argraff. Dim teledu, radio na phapur newydd – ma posib byw heb wbod am fanylion dibwys gweddill y byd! Cyfeillgarwch y bobol o'dd un peth sydd wedi aros gyda fi. Pobol yn gwenu go iawn, nid rhyw wen ffals maes-y-steddfod. Ro'dd ganddyn nhw ddiddordeb ynddoch chi a lliw gwelw y croen yn hawlio sylw a chodi chwilfrydedd. Ni o'dd yn wahanol, ni o'dd yn codi ofn ar blant ('Os na fihafi di – bydd y dyn gwyn yn mynd â ti bant!'). Yr un peth yn y bôn yw pobol ym mhobman, ond bod croeso pobol Nigeria â fwy o waelod iddo na nôl 'ma. Nid eiddo a labeli 'designer' o'dd yn bwysig i'r bobol hyn, ond y gallu i wenu, i groesawu a chwerthin.

Sdim dwy waith fod y farchnad yn lle pwysig iawn i'w cymdeithas. Nid dim ond yn lle prynu a gwerthu ond yn fan cymdeithasol. Lliw a mŵg y moto beics gyda chroen stumog buwch yn mygu ar dân agored – mae'n fyw o hyd. Pob un stondinwr am werthu. Cymysgedd ryfedd o ddoe a heddiw, o blanhigion a dail meddyginaethol i beli plastig pêl-droed a chrysau timau pêl droed mwyaf Prydain. Ro'dd pob peth yno – o bowdwr golchi Omo i blatiau plastig, o berlysiau a llysiau ffres i dyniau o laeth melys (yr 'evaporated milk' bydden ni'n ga'l ar y Sul flynydde nôl yng Nghymru!). Joies i grwydro'r marchnadoedd ym Minna ac yn Bida. Anghofia i fyth brynu un ar ddeg matres ar gyfer ein nosweithiau yn Gbara a whilo, gan ddod o hyd iddo, am declyn crafu tatws plastig! Ma sŵn, arogl a hwyl y farchnad yma gyda fi nawr. Whilber a beic, gwragedd â phadelli mawr yn cario pethau ar eu pennau, dynion yn sefyllian yn cael clonc a'r gwres yn llethol … Er y prysurdeb a'r cyffro, dim pwysau a phawb ag amser i wenu, cyfarch a chael clonc. Dyw'r gair 'welcome' (yn cael ei ynganu fel 'welcwm') heb golli ei ystyr yn Nigeria.

Yr hyn o'dd yn grêt am y trip o'dd ma' delio gyda phobol bob-dydd y wlad o'n i. Moslemiaid a Christnogion yn cyd-fyw a phawb i'w gweld yn cyd-dynnu'n dda. Ma'n siŵr fod rhai pobol ddrwg yno, llai cyfeillgar a mwy rhagfarnllyd, ond weles i mohonyn nhw. Sdim unlle yn berffeth a ffŵl fydde'n credu 'ny. Ond ro'dd croeso pobol Nigeria, o beth weles i, yn arbennig. Er ma'n rhaid cofio mai'r un peth yw pobol ymhob man, un cawl mawr o bob dim. Ro'dd rhagfarn yn fyw yno ac fe welon ni hynny wrth i albino o bentre cyfagos ddod aton ni yn ystod gêm bêl-droed. Oherwydd pigment ei groen, ro'dd ei gydwladwyr yn ei wrthod. Ie, yr un yw pobol ymhob man!

Nawr fe greodd Gbara argraff ddofn arna i a hynny oherwydd fod y lle'n fendigedig o gyntefig ac eto yn amlwg gyda chymuned glòs. Afon a dwy neu dair coeden, ac yng nghanol gwres y prynhawn, mor bwysig o'dd cysgod y co'd. Yno, wrth i'r gwres yn llythrennol fy llorio, da'th gŵr caredig â banana i fy adfywio. Yno, ar ôl cadw draw am beth amser, y dechreuodd plant bach ymladd bron am gael gafel yn fy llaw. Yno y rhoddwyd i Bethan yr anrhydedd fwyaf – sef dod yn llysgenhades y llwyth. Celon ni law a haul yno, hwyl yn yr ysgol gynradd a'n cnoi gan fosgitos (pam greuwyd y fath drychfilod??). Yno y dysges i gwrcydu wrth fynd i'r tŷ bach, a gwisgo rhwyd pen i arbed cael fy nghnoi yn fyw wrth ishte mas yn yr awyr agored gyda'r nos. Bob bore byddai plant y pentre yn galw heibio, y wraig yn cario'r dŵr a'r bachan ar y moto beic o'dd yn cofio helpu mynd â Bethan o Gbara bron bum mlynedd ar hugain yn ôl.

Fydden i'n mynd nôl yno? Sai'n siŵr. Mynd yno yn rhan o daith Bethan wnes i, yn bwt o gynhyrchydd. Ces i lawer o bethau i'm hysbrydoli. Ces i brofiade i sôn amdanyn nhw am flynydde. Bydde mynd nôl, a chyment o lefydd erill i'w gweld yn y byd, efalle'n gamgymeriad. Joies i am y rhesyme iawn – y cwmni, y profiad a'r hunan-ddarganfod (dim ond dysgu gwerthfawrogi a pheidio ag achwyn cyment cofiwch, dim sgandal!). Fe wnes i ffrindie newydd a dysgu bod posib i rywun canol oed fel fi, sy'n joio cysuron, gael pleser mas o fyw yn syml a sylfaenol hefyd. Diawch, ma dyn yn freintiedig!

Mei:

Telesgop:	Haia Mei, shw mai?... (bla bla)... ti ffansi job yn Nigeria efo Bethan Gwanas?
Mei:	Byth 'di bod i fan'na ... *Ace* ... ok. Oes plîs?
Telesgop:	Gwych, achos wnaeth y boi arall dynnu mas gan ei fod e'n rhy beryglus.
Llais bach yn pen Mei:	Sh*t!
Mei:	O, gad fi checkio fy nyddiadur.
Telesgop:	O, a ma'r SAS yn dod i edrych ar ôl chi.
Llais bach yn pen Mei:	Bad idea! Tynna allan y ffŵl!

Dyna, fwy neu lai, oedd dechrau'r daith o *epic proportions* i un o lefydd mwya boncyrs y blaned. Peidiwch camddeall fi, dwi ddim yn ddiarth i ambell antur rownd y byd, ond pan dach chi'n gorfod penderfynu cyn mynd be ydi'ch *panic signal* chi ar gyfer *kidnap ransom tape*, dach chi'n meddwl 'Waw, well fi beidio dweud wrth Mam lle dwi'n mynd!'

So, pan dwi'n meddwl nôl am y daith i Gbara, mae'n rhyfedd mai'r teimlad sy'n codi gryfa' ydi cyfeillgarwch. Doeddwn i ddim rili'n nabod y criw cyn mynd (heblaw am fy hen ffrind Cher), ond trwy'r profiad yn Nigeria fydd 'na wastad rywbeth yn ein clymu ni fel ffrindiau am i ni rannu profiad arbennig iawn.

Un tro naethon ni stopio'r car i gymryd shot ar ochr y ffordd, a wnaeth Cheryl gamu allan o'r 'luxury' sharabang heb edrych. Oedd o fel gweld rhywun yn parachutio o awyren… achos wnaeth hi ddiflannu mewn i *ditch* dyfn a gorfod cael ei hoistio allan! Ond hyd yn oed yn y gwres 50 gradd, wnaeth hi ddim cwyno unwaith. Solid Chello!

Dwi'n gwybod bod Dyfrig 'Death' yn swnio fel reslar fel El Bandito, ond allwch chi ddim bod mwy rong. Fo oedd y bos… oedd erioed 'di bod yn bellach na Llydaw yn y garafan, ac oedd rŵan yn disgwyl talu am bopeth efo'i *flexible friend* yn ganol West Affrica! *Steep learning curve ahead*. Ond yn ei siwt saffari, sandals a *socks*, Captain Mannering oedd arwr y daith. Oedd o'n wych efo pawb. Pan oedd hi'n edrych fel bod y *proverbial* cach am daro'r ffan efo'r *faux kidnap* yn Minna, fo wnaeth gerdded mewn yn hollol *unfazed* gan ddweud, 'Jiw jiw, ma car ni ar dân bois!'

SAS (Super Army Soldier) Steve Cook. Be allai ddweud? *Legend*. Er, i ddechrau, roedd o'n *typical* milwr yn gweiddi *orders* ac ati, wnaeth o droi allan i fod yn uffar o laff, yn hollol broffesiynol, ac yn ffefryn efo holl blant Gbara, yn enwedig yn gweiddi canu Style Council yn y gawod!

Doeddwn i ddim rili'n nabod Gwanas cyn mynd. Oedd hi'n amlwg yn berson cynnes, galluog a *driven* iawn. Ond wnaeth gweld be wnaeth hi i'r bobol na… *hats off*. Mae genna'i gymaint o barch iddi. Wnaeth hi aberthu cyfnod mawr o'i hieuenctid er lles plant bach o ochr arall y byd. Roedd gweld y plant wedi tyfu'n ddynion, yn crio wrth esbonio'r dylanwad gafodd hi ar eu bywydau nhw yn *humbling* i ddweud y lleiaf. Oedd hi'n wneud ei nut efo fi am holi hi a gwneud iddi grio mewn cyfweliadau. Sôn am *shoot the messenger*! Mae Gwanas fel *Quality Street*, plisgyn caled ond *deffo* efo calon feddal!

Trwy'r *viewfinder*, welais i lot o bethau anghofia'i fyth: wyneb Beth wrth iddi sylweddoli bod y Nupe brenin *bloke* isio'i gweld hi; yr olygfa o ddwsinau o'r gwragedd yn dysgu'r Qu'ran lawr yng nghanol y cutiau mwd; bwled AK47 un o'r plismyn yn pingio drwy'r awyr wrth i ni ffilmio; a 'nghalon i'n suddo wrth feddwl y byddai'r holl ffilmio'n mynd fyny mewn fflamau pan wnaeth *charger* batris y camera ffrwydro!

Dwi'n falch mai Gwanas ydi'r awdur, achos 'di 'ngeiriau i ddim yn gallu cyfleu Gbara yn iawn. Ar yr wyneb, roedd o'n dipyn o dwll, ond oedd 'na awyrgylch hudolus i'r lle. Yng nghanol yr holl dlodi, oedd 'na awyrgylch o hapusrwydd. Ac oedd 'na blant ym mhobman. Bob man! Ac wrth iddyn nhw ein mobio ni'n ddi-baid, yn wên o glust i glust, doedd o ddim yn anodd deall pam wnaeth y lle 'ma adael gymaint o argraff ar Bethan. God, yn doedden nhw'n ddyddia da!

Gbara am byth.

Steve Cook:

I've been working as a security risk specialist since 2003 when I got out of the Armed Forces, and my work has taken me to most parts of the globe, from Iraq and Pakistan to remote locations in Africa.

I was in our office in London when a call came in asking for a risk assessment for a documentary crew to go to Nigeria. After asking a few questions, it became apparent that they would need either training and support or an actual risk specialist to accompany them.

A lot of people have pre-conceived ideas about security consultants, some like to refer to us as bodyguards or hired guns. This is not what we do – we evaluate risk and advise and act accordingly. This trip to Nigeria would hold many risks, due to the amount of miles that were going to be covered, standard of vehicles and roads, canoe trips up and down rivers, health and medical issues, including evacuation in medical emergencies, not to mention kidnap, robbery and crime.

Fortunately for me, they decided that the best course of action was to take me along on this little trip into the Nigerian bush. What a great decision! I have to say that most of my work takes me to some of the worst places in the world, be it due to years of conflict, terrorism, natural disasters or the fact that it's a third world country with no infrastructure in place, poor medical standards and lots of disease.

It's also not often I get to really live and enjoy the culture and environment I'm working in, in a lot of cases with media they like their comforts and at the end of most days you'll be back in the best hotel they can find.

This trip was going to be different; Bethan was going back to a village that I could not locate on any map, which was miles into the Nigerian bush.

A key part of my job is communication and cultural awareness; we work a lot with fixers and have to put a lot of trust in them. Fixers are locals who should have an understanding of what you want to achieve and have various contacts at various levels to cut through red tape; it's up to the fixer and myself to make everything run smoothly for the crew, from sorting accommodation to making sure we have enough food and water and checking vehicles for serviceability.

On this trip, I was introduced to Victor. There was something about him I liked immediately and we got on from the start. Victor is no longer my fixer but a friend who helps a lot of people. There are no guarantees in Nigeria, you may think you have booked a hotel room with running water, but wait until you get there! Victor always had a plan B, C and D somewhere up a sleeve.

This was a 3 week trip with a lot of potential problems, just as much a challenge, if not more, than working in Baghdad during the early days of the insurgency.

We arrived in Abuja to meet Victor and his band of merry drivers,

Kasim, Solomon and Saheed. Victor had us booked into a nice hotel and we set about the planning of the trip straight away. We would also have 3 armed policemen (OLOPA) to accompany us due to the security situation.

Initially, due to Gbara's remote location I had reservations about us staying there for any length of time. But Victor had done lots of prep work; he had already met the Nupe King and got all the permissions that were required. It became apparent that he had rounded up a number of Bethan's former pupils, some of whom were now in positions of local government and were very influential individuals.

It was also came to my attention that Bethan was to be made *Jikadiya* and was held in such high regard that the security risks involved would be mitigated as we would have the support and protection of the Gbara and Nupe people.

To get to Gbara would mean a 2 hour drive on a dirt track through the bush or and hour and a half canoe trip. If anyone wanted to cause us harm then we would have plenty of time to react. So a plan was put together by Victor and myself for such an event, but Victor assured me that no such plan would be necessary.

Once in Gbara, the locals gave us more than a warm welcome, and a party had already been organised for Bethan's return. We were going to have to live in the bush, so I had to sort out a base camp, including digging toilets, showers and waste and water pits. In an environment such as this, hygiene and a high standard of waste discipline has to be adhered to. Any waste food attracts small animals and small animals attract snakes, and there were plenty of venomous snakes within the region. The nearest medical facility was 4 hours by road, so if anyone was bitten by a snake, it would mean immediate evacuation and it would be up to me to keep the casualty alive.

I set about digging the pits, showers and toilets straight away, which caused much interest to the locals. Many of the adults had never seen a white man, let alone the children.

The children would stand in the long grass or behind trees watching the strange white guy swinging a pick or digging; some of the braver ones would come closer, but when I spoke to them they would scream and run away. Adults would stand and watch. I got Solomon to help and he quickly got the locals involved.

As I worked in the heat and discarded water bottles, the children would run in and collect the empties. I filled one of the bottles with water and sprayed the kids with it – they screamed and ran away, but soon came back and I gave one of the children the bottle. Before long, a one-sided water fight broke out, a few of the children gesticulated for me to do the same for their bottles, then a much larger water fight broke out. The strange white guy now had friends.

Over the next few days, the friend would bring more friends, usually before and after school. Over the course of the next week or so I had them making paper planes, singing *Head, Shoulders, Knees and Toes* as well as a few numbers by The Jam.

I have children of my own, who have all the comforts of life and live in an environment where disease it not an issue. Ask my children what they would like, and they say things like 'A Nintendo DS' or 'A million pounds'. Ask my new friends in Gbara what they would like and they would all reply 'To go to school.'

Once the main camp had been built and everyone settled in, my main priority was to keep the crew healthy. In heat in excess of 40° you need to constantly take water on board; prevention is better than cure and the trip could have been jeopardised by something as simple as a heat casualty. The medical facilities in Nigeria are not the best and a casualty would have had to be extracted to a country with more advanced facilities.

After a week living in my hammock, cooking and showering outside, it was time to head back. As I mentioned before, in my line of work it's not often that I get to integrate with the communities we film. Here, everyone was so nice, these were people who had nothing but would give everything. I was humbled by their way of life and truly grateful to have been given the chance to live with the people of Gbara.

I see pop stars and the rich and famous who visit various places in Africa to go on camera and tell of the plight of the people in these places.

I wonder if they really lived like those people. The cynical side of me says they do a few day trips and go back to the comfort of their hotels.

25 years ago Bethan lived as a teacher in Gbara, living as the locals do. She gained so much respect from the Gbara people they made her *Jikadiya*, what an honour.

The security situation since then has deteriorated in Nigeria. Most of the stories that come out of Nigeria are about oil, militants and kidnapping of westerners. It was such a pleasure to be part of a wonderful story in a wonderful country which is so often associated with bad news. Bad news travels further and faster than good news, but I truly hope that this story travels far and wide. I can put my hand on my heart and say that this trip was by far the best and most pleasurable trip I have done since being on the circuit.

Victor:

1/22/08

Dear Victor,
I hope you're well. I was given your contact details by Ginger Ink *who we worked with on a television documentary last year in Kenya and Uganda.*

I work for an independent television company based in Swansea, called Telesgôp Television. *We have a track record in making documentary series for* BBC Wales, BBC FOUR, Discovery, Animal Planet *and* S4C. *I am currently developing an idea for* S4C – *the Welsh language channel – following our presenter back to a school in Nigeria where she worked as a VSO volunteer around 20 years ago. I am trying to locate the school and some of the pupils and teachers there. Guy and Willy spoke very highly about you and I wonder whether you could help me? Could you tell me if the Government Day school, Gbara still exists? I think it was near the town of Bida. I would be very grateful for any help you could give.*
I look forward to hearing from you,
Catrin

This was the email that started it all. From out of the blue, I was expected to track down former pupils of the VSO volunteer who turned out to be Bethan Gwanas. All I had for a lead were some old photographs, names of the pupils and the location of the school. I was also expected to go back in time and visit all the places she stayed in and meet the people she had met. Vu jade! That is my expression for déja vu in reverse mode!

I love challenges and adventure. I accepted the job. I knew the success of the project was going to rest squarely on my shoulders. I proposed a budget. It was accepted and the money was sent to me, no questions asked! These people must be crazy. Did they not know they were dealing with a Nigerian? We are supposed to be the most dishonest people living in the most dangerous country in the world – full of scammers if the internet and travel books are to be believed. What if I took their money and simply disappeared; what if I scammed them and led them all to believe I had found everyone when nothing was really happening; what if I arranged for them to be kidnapped for a handsome ransom? What if...

God, I just love the travel books and the so-called experts on Nigeria. This 'Nigeria bashing' has provided big business for many of these scaremongers, some of whom have never even visited Nigeria.

Anyway, I got to work at once. The first person I found was Musa Baba – by some stroke of luck. On the day I arrived Minna, he met me and drove me straight to Bida where we had pre-arranged to meet with one of the former principals and a few former students. It was a nostalgic moment for many of them as they remembered Miss Bethan, their English teacher. They were excited to see old photographs of themselves too.

The next few weeks were spent trying to reach as many of the old pupils as possible, and finding the places and people she had encountered.

The most exciting part of the *recce* for me was the day I met Gogo. I was about to board a dugout canoe on my way to Gbara when I decided to find out if the family that ran the canoe service were still there, and if anyone still remembered Bethan. As soon as I brought out her photograph, a partially veiled woman carrying a baby on her back let out a cry of surprise and excitement: 'Miss Bethan, Miss Bethan!'

'Do you know her?' I asked, but she was too excited to reply. I brought out the other pictures of the pupils and she instantly recognised herself and many others. She was talking very fast in Nupe, so I could not understand a word of what she was saying. As I brought out my video camera to start filming her, she recoiled. But she was Gogo! I had to get her on camera. So I started rolling without pointing it at her, while trying to convince her to talk to me on camera. In the end I succeeded.

Bethan was curious to find out what I had discovered, but I was under strict instructions not to tell her anything as it would ruin the element of surprise on camera. I was loving it! The game of suspense was the fun part for me, and it was to be a common feature for most of the shoot.

On the day the team arrived, I slept overnight at the airport with the drivers. I recognised Bethan at once. Big Mei, ever-smiling, Cheryl the sound woman, gentleman Dyfrig and my main man Steve Cook followed. The following weeks were to be some of the most memorable of my life with a most wonderful group of human beings.

Mei was cameraman/director. I never saw him without a smile. Behind the smile, as I found out as the production progressed, lay a steely focused and brutally efficient artist who knew exactly what he wanted and how to get it. Boy, were there days when he milked the emotions out of Bethan! Even when she was crying with exhaustion and emotional stress, he smilingly pushed her, ignoring her appeals, to get what he wanted. He was a work horse. Never tired.

Cheryl was Mei's tag team partner. In charge of sound, she was so efficient, focused and dedicated you almost forgot she was a woman. I will never forget the day she fell into a man-hole as she backed out of the production van trying to set up for a recording. No one saw the hole covered with grass, until she fell in. At first we all laughed, then we saw how serious the situation was and rushed to help her out. She just laughed, dusted herself off and was back on her feet as if nothing had happened. What a woman!

Dyfrig, oh Dyfrig, if ever there was a perfect gentleman, here was one. Deeply religious but not pretentious or hypocritical, I saw an example of how to be a boss. Never once did he interfere with the creative process or make it obvious to anyone he was the boss. Yet he was the big man. He was always putting others before himself. It was obvious he was not used to the hard camp life we lived in Gbara, yet he never complained. Something eventually gave, though, and I got my biggest scare of the entire trip the day he fell ill. He was human after all. I could see him struggle to keep a calm manner in order not to alarm us, but I could see the fear in his eyes. Thank God he recovered quickly and was back to his old bubbly self. I will always treasure the emails he sent to me after returning to Wales. See the excerpt below:

Over Christmas now I have been thinking a lot about Nigeria, and the wonderful experience it was and the truly great people I met – you especially. The welcome, help and friendship was truly amazing. Looking out of the study window now as I type this, I see frozen fields and trees bare of leaves but dripping with icicles. It would be great to be in Nigeria and enjoy once again the fine weather.

About a month ago I was invited to speak to a group of people belonging to a local church here. I showed them pictures of Nigeria and spoke about my enjoyable experience out there. One of the many questions I was asked was: 'Did the experience enrich my life in any way?' The answer was a simple one – 'Yes and especially so by the Nigerian people themselves.'

There are things in life that you enjoy and remember but don't leave a lasting impression, then there are others that do create a lasting impact. I am so glad that I came to Nigeria. I hope to return one day – who knows when.

Once again – thank you Victor so much for everything – your hard work, excellent organising skills, but more than anything for your welcome and friendship.

As we say in Welsh – 'Blwyddyn Newydd Dda' (a happy and prosperous New Year).

Dyfrig

Now my main man Steve. A tough, rugged, mean looking enigma you might say, but beneath this tough exterior is the softest and most sensitive character I have ever met in my entire life. In spite of the police escorts we had throughout, we all knew that besides God, Steve was the other reason we could all sleep like babies at night. He never slept!

He had his GPS and was constantly updating London by SMS about our co-ordinates and progress. He always checked and double-checked the cars, our meals, accommodation, and I dare suspect even the air we breathed. An ex military man, his training in security and survival in the jungle along with his medical expertise all came in handy throughout our stay. In Gbara village where we stayed for some time, he built a makeshift bathroom and dug a toilet for us. He was the chief cook, although some of us pretended to cook while the others pretended to enjoy (or endure) the concoctions.

Once on a trip to Bida, on our way from the ruler's palace, one of our cars hit a rider off his motorbike. Before anyone could say Jack Robinson, he was out with his medical kit and he did a brilliant job of dealing with the injury.

The children of the village loved him. At night they would gather round him as he taught them songs and told stories. He would always find food for them, some little gift or another. He played hard and laughed hard, but worked extremely hard. If anyone wanted a head of security anywhere in the world and was looking for total loyalty, commitment, efficiency, thoroughness and reliability, I would recommend Steve without blinking!

Hmm. Wales. Before this production, it was just a name. I only knew that it was a part of the United Kingdom because of Charles, the Prince of Wales. Nothing else! After meeting Bethan and the other members of the team, I cannot wait to visit this land that has produced such warm and friendly people. To think that they also speak a language different from English – Welsh, wow! I cannot help wondering what food do they eat, how do they dress, what sort of houses do they live in?

Bethan is now an ambassador for the Nupe people and indeed Nigeria. Her chieftaincy title *Jikadiya Nupe* by one of Nigeria's most respected traditional monarchs, the Etsu Nupe, was a crowning moment in the entire trip. That was my joker! She never saw it coming. The whole experience was too much for her and she actually broke down in tears from shock, disbelief and joy! She deserved it. Her pupils adore her. Genuinely.

The lesson this whole trip has taught me I guess is that you can actually get rewarded for service. When Bethan left the comfort of her home and country over a quarter of a century ago as a young girl to come and serve as a volunteer teacher in a remote Nigerian village with no light, portable water or the basic necessities of life, it may have seemed crazy. Today that decision has brought her fame, a little fortune and certainly more fulfilment than anything else she has done in her entire life.

VSO

Mae VSO yn taclo tlodi drwy ddefnyddio sgiliau, ymroddiad a brwdfrydedd unigolion o dros y byd i gyd. Ers 50 mlynedd, rydym wedi bod yn gyrru gwirfoddolwyr rhwng 18 a 75 oed i fyw a gweithio yng nghalon cymunedau. Rydym yn chwilio am wirfoddolwyr yn gyson ac mae nifer o lefydd ar gael ar gyfer ystod eang o sgiliau ac oedran.

Os ydych chi'n chwilio am sialens, beth am ystyried gwirfoddoli gyda VSO i wneud gwahaniaeth go iawn, nid yn unig i chi ond i fywydau rhai o bobol dlotaf y byd. Drwy rannu eich sgiliau gwerthfawr, byddwch yn helpu cymunedau sydd mewn gwir angen, yn ogystal ag ennill sgiliau a phrofiadau newydd.

Bob blwyddyn, mewn 44 o wledydd, mae cannoedd o'n gwirfoddolwyr yn gweithio mewn swyddi sy'n talu'n ôl iddyn nhw ar eu canfed. Maen nhw'n dod adref i Brydain wedi ennill profiad proffesiynol unigryw, cyfoeth o atgofion a ffordd gwbl newydd o edrych ar fywyd.

Mae gennym nifer o opsiynau ar gael:

Gwaith gwirfoddol:
- Ystod eang o swyddi sy'n para rhwng 6 mis a 2 flynedd ar gyfer pobl broffesiynol gydag o leiaf 2-3 blynedd o brofiad yn y maes ers ennill eu cymwysterau.

Gwirfoddoli ar gyfer pobol iau:
- Cyfleon ar gyfer pobol 18-25 oed drwy ein cynlluniau *Global Xchange* a *Youth for Development*.

Byddwn yn asesu eich cais ac yn ystyried:
- os oes partner lleol yn debygol o ofyn am eich sgiliau penodol chi.
- eich parodrwydd i fyw a gweithio mewn gwlad sy'n dal i ddatblygu.

Os ydym yn credu bod gennym swydd addas i chi, byddwn yn eich gwahodd am ddiwrnod asesu. Bydd y diwrnod hwn yn cynnwys nifer o weithgareddau mewn grwpiau a chyfweliad unigol. Os ydych yn llwyddiannus, byddwn yn penodi cynghorydd lleoliad (*placement advisor*) i ddod o hyd i swydd sy'n eich siwtio. Byddwn yn gwneud ein gorau i ddod o hyd i'r swydd honno mewn gwlad neu amgylchiadau sy'n apelio atoch chi'n bersonol.

Unwaith y byddwn wedi dod o hyd i swydd y byddwch yn fodlon â hi, byddwn yn rhoi hyfforddiant perthnasol i chi cyn i chi adael ac wedi i chi gyrraedd y wlad y byddwch yn gweithio ynddi.

VSO UK
Carlton House
27A Carlton Drive
Putney
London
SW15 2BS
UK

Llinell gymorth ar gyfer gwirfoddoli:
020 8780 7500 (9-5, Llun-Gwener)
Ebost: enquiry@vso.org.uk

Codi arian ar gyfer VSO: fundraising@vso.org.uk